오늘의 기본 2

Lifemind classic book 2

<오늘의 기본>은 2023년 1월부터 매주 1회 연재한 글을
한 해 단위로 엮는 라이프마인드 소록집 시리즈입니다.
본 도서 <오늘의 기본 2>은 그 두 번째 책으로,
2024년 1월부터 12월까지 기록한 생활의 기본을 소개합니다.

1

온화함의 기본
사람들과 마주할 때 건네는 상냥한 사랑

	no.
이름을 불러준다는 것의 의미.	2
다정함은 손끝에서부터.	8
시원스러운 상냥함이란.	10
마음이 좋은 대화를 하는 법.	18
어떤 목소리를 듣고 있나요?	20
감사합니다라는 말버릇.	22
이름을 묻지 않는 모임.	30
질문은 수프를 뜨는 것처럼.	40
아이디어를 선물합니다.	42
편지지에 풍경을 담습니다.	50

2

보살핌의 기본
몸과 마음을 보듬는 성실한 손길

	no.
손을 관리하고 있나요?	4
잘하고 있다는 말.	15
입술을 촉촉하게 합니다.	16
스트레스는 식빵 같은 것.	17
내 몸에 맞는 차를 마십니다.	23
좋은 머릿결을 위한 도구들.	28
가장 편안한 속도를 찾습니다.	34
생각이 많을 땐, 배꼽을 앞으로.	39
영혼의 시간을 갖습니다.	41
먼저 찻잔부터 데웁니다.	46

3

단정함의 기본
일상을 산뜻하고 가볍게 가꾸는 요령

no.

기다리는 자세의 미학.	3
딱 좋은 무게의 물건들.	6
단순한 욕실의 풍경.	7
물건을 다루는 다정한 손길.	12
기분 좋은 것들의 배신.	14
그릇에 여백을 둡니다.	24
편지를 쓰기 전에 손을 씻습니다.	27
때로는 아날로그 시계를.	29
물건을 상냥하게 다룹니다.	32
짐 싸기 파티 프로젝트.	35

4

충실함의 기본
생활을 풍요롭게 만드는 감각과 풍경

	no.
올해는 일간 다이어리를 써 봅니다.	1
여운을 음미하는 방법.	21
여름을 마중하는 물건들.	25
조금 더 기분 좋은 식사.	26
또박또박 만든 음식이란.	19
오늘은 현금 쓰는 날.	37
아날로그의 소리를 듣습니다.	38
계절을 담은 책을 읽습니다.	44
교토에서 만난 오늘의 메뉴.	47
집 안에 꽃병이 있는 풍경.	48

5

나다움의 기본
취향과 철학으로 쌓아가는 소중한 일상들

no.

좋은 펜 한 자루의 힘.	5
나에게 꼭 맞는 커피.	9
어떤 언어를 말하고 있나요?	11
일상 속 행운 모으기.	13
시작할 땐 미소를 짓습니다.	31
이케바나가 알려준 삶의 기본.	33
한 접시 식사의 미학.	36
가을엔 좋아하는 니트 하나쯤.	43
담백하다는 것은 무엇일까요?	45
나만의 풍습을 만듭니다.	49

0   들어가며
───

양말을
고르는
마음으로.

벌써 한 해가 흘렀습니다.
<오늘의 기본>이 어느덧 두 권째가 되었습니다.

겨울이 오면 매주 한 편씩 차곡차곡 쌓아 온 한 해의 기본들을 박음질하듯 엮는 게 연말 행사가 되었습니다. 한 걸음씩 온 것뿐인데 뒤돌아보면 꽤나 기다랗고 가지런한 궤적이 놓여 있습니다.

글로서는 꽤나 단정한 이야기를 적지만, 실은 매일의 생활은 생각보다 소란하고 서투릅니다. 두 해 동안 기본이란 것을 성실히 품고 나아왔다고 생각했는데, 돌아보면 기억에 남지 않고 희미해져 버린 것도 있습니다. 생활이란 한 번 꾹 밟으면 영원히 새겨지는 아스팔트인 줄 알았는데, 또 눈이 오면 다시 새 발자국을 남기며 걸어가야 하는 눈밭 같은 것인가 봅니다.

"눈 위를 소복소복 걷는 기분이에요." 1권을 읽고 그렇게 말씀해 주신 분이 계십니다. 포근하고 깨끗한 느낌을 주는 글이라는 칭찬으로 들려 무척 기뻤는데, 한 해가 흐른 지금 돌아보면 매주 <오늘의 기본>을 쓰는 생활이야말로 소복소복 쌓이는 눈 위를 계속해서 걸어오는 것이었다는 것을 깨닫습니다.

걷는다는 것. 그것은 발자국을 남기는 일이라기보다 내딛는 일에 가까운 것 같습니다. 어제의 발자국이 덮여져도 오늘 가야만 하는 길이 있습니다. 그래서 계속해서 새 마음이 필요합니다. 매일 깨끗한 두 발을 준비해야 하고요. 그렇게 양말을 갈아 신듯이 매일 삶의 마음을 고릅니다.

<오늘의 기본> 두 번째 책의 표지는 양말입니다. 양말이란 매일 옷장에서 꺼내는 평범하고 수수한 일상의 물건입니다. 신발을 신으면 감춰져 눈에 잘 띄지도 않고, 설령 신지 않았다 해도 아무도 모릅니다. 그렇지만 매일 고르지 않으면 안 되는 것입니다. 그날의 기분에 따라 흰색이 되기도 회색이 되기도 땡땡이 무늬가 되기도 하지만, 어쨌든 내 발에 꼭 맞는 크기로 두 짝을 가지런히 골라 구멍이 나지 않은 것으로 갖춰 신어야 합니다. 행여나 짝짝이로 신거나 구멍이라도 나면 하루종일 신경이 쓰입니다.

오늘 하루 잘 신은 것만으로 어딜 가고 누굴 만나도 부끄

럽지 않고 든든한 것. 신은 듯 안 신은 듯 자연스럽고 편안한 것. 기본이란 그런 것입니다. 요란하지도 화려하지도 않습니다. 그러나 어떤 스타일의 옷과 신발을 고르더라도 함께 살펴야 하는 것. 매일 기분에 따라 가볍게 고르고, 단순하게 갖춰야 하는 것입니다.

매일 양말을 고르듯 삶의 철학을 고른다. 나의 가장 발밑을 살피듯 나와 가장 가까운 일상을 가꾼다. 지금 이 순간에도 숨 쉬듯 당연하게 쌓이고 있는 생활을 하루하루 가뿐하고 깨끗한 걸음으로 새롭게 마주해나가는 요령입니다.

저는 여전히 생활을 연습하는 기분입니다. 단정한 마음과 자세를 갖추고 싶다고 다짐해도 옷 하나 제대로 거는 것, 신발 하나 가지런히 두는 것이 때로는 힘이 듭니다. 그럼에도 불구하고 오늘 새로 알게 된 지혜 하나를 적어 놓습니다. 또 금세 잊었다가 다시 마음을 다잡으며 생활의 작은 구멍을 한땀 한땀 기워나갑니다.

기본이란 하루하루 단지 양말을 고르듯 기분 좋게 신고 벗으며, 내일이 오면 또 깨끗한 것으로 갈아 신고 한 발짝씩 사뿐히 걸어가는 것 그뿐이라고 생각합니다.

<오늘의 기본> 2권에 담긴 내용은 1권에 비해 조금 더 내밀하고 깊은 성찰과 상냥한 마음이 느껴지는 이야기입니다. 그 덕에 한뼘 더 도톰하고 포근한 한 해의 소록집이 완성된 것 같습니다. 모아놓고 보니 한 해의 테마가 있다는 것이 참 신비롭습니다.

오늘도 양말을 고르고, 또 벗습니다.
내일 또 새로운 양말을 고릅니다.
그렇게 생활은 반복됩니다.

깨끗한 두 발로 생활이라는 나만의 눈밭을,
이 책 안을 소복소복 걸어나가기를 바랍니다.

2024. 12. 31. 겨울
<오늘의 기본> 2권을 엮으며.

Lifemind classic book
vol 2.

1 오늘을 기록하는 힘

올해는
일간 다이어리를
써 봅니다.

저는 원래 연간 다이어리를 쓰는 사람이 아닙니다. 일기는 줄노트에 쓰면 되고, 달력은 휴대폰으로 보면 되니까요. 하지만 그동안 써 온 일기장을 넘기다 문득 이런 생각이 들었습니다. 빼곡히 적은 일기에 생각이나 고민, 다짐 같은 것은 적혀 있지만 오늘의 풍경이 들어 있지 않다고요.

이날 무엇을 먹었는지, 어떤 노래에 새롭게 빠졌는지, 동료와는 어떤 대화를 했는지, 하기로 한 운동은 과연 했는지 도무지 기억이 나질 않습니다. 사소하다고 굳이 기록할 필요 없다고 생각해 지나쳐 온 것들이 모르는 사이 잊혀지고 있던 것입니다.

우리는 매일 체크리스트를 짜고 일주일치 일정을 한꺼번에 정리하고 한 달의 계획을 짜는 데 익숙해져 있습니다. 하지만 다가오는 날을 한꺼번에 헤아리는 습관 때문에 오늘이라는 단위를 살피는 힘을 잃어버리게 된 것은 아닐까요? 매일이라는 징검다리를 건너면서도 정작 오늘이란 돌을 제대로 두드리고 있지 않고 있는 것입니다.

오늘이라는 풍경에 관심을 기울여 들여다보면 많은 것이

있습니다. 그 상(像)을 놓치지 않는 것이 오늘을 살피는 힘입니다. 그래서 올해는 처음으로 일간 다이어리를 사서 전에는 쓰지 않았을 법한 것들을 써 보기로 했습니다. '점심에 시나몬롤 먹음', '하루종일 가십걸 몰아봄', '함박눈 내렸다', '보리밥 같은 파스타는 처음이었다'. 이러한 사소한 일상은 분명 오늘 처리해야 할 체크리스트보다 중요한 일도 생활을 바꿀만한 해프닝도 아닙니다. 하지만 어쩌면 이렇게 작은 풍경이야말로 여태껏 생활을 별일 없이 지켜 온 소중한 사건들이 아니었을까요?

매일 10분이라도 책상에 앉아 일간 다이어리를 펼쳐 봅니다. 그리고 오늘이라는 한 페이지를 마주합니다. 오늘 새로 알게 된 음악, 인상 깊은 책 구절, 주문해야 할 물건, 방문한 카페 그리고 맛있게 먹은 식사까지 쓰고 싶은 것들로 자유롭게 채워 봅시다. 때로는 생활의 숲이 아닌 생활의 나무를 보는 것도 중요합니다.

추신. 영화 <타이타닉>의 명대사를 아시나요? "Seize the day(오늘을 소중히)."

2 한 사람을 상상합니다

이름을
불러준다는
것의 의미.

이름을 불러주는 것. 종종 한 사람의 깊이와 다정함은 그것으로부터 온다는 생각이 듭니다. 회사에서는 일을 하고 집에 와서는 글을 쓰는 생활을 이어가면서 점점 만나야 할 사람들이 늘어갑니다. 대표님, 사장님, 실장님, 작가님, 차장님……. 그 사람의 직업이나 직함에 따라 호칭을 바꿔가며 부릅니다. 그때마다 꼭 염두에 두는 것은 '상대의 이름을 꼭 불러주자'는 마음가짐입니다. 메일이나 카톡으로 연락을 드릴 때, 꼭 직함 앞에 'OO 대표님', 'OO 실장님'하고 성함을 붙입니다.

모든 대표님께 "안녕하세요, 대표님"이라는 인사를 건넬 수 있습니다. 모든 작가 분께 "감사합니다, 작가님"이라고 말할 수 있습니다. 하지만 그렇기에 그 인사들은 누구여도 상관없었을 익명의 상대에게 던져온 말입니다. 디지털 시대에 이르러 우리는 사람과 직접 마주하는 일 없이 모니터를 통해서 관계 맺는 일이 많아졌습니다. 얼굴도 모르고 심지어 목소리마저 모르는 상대와 소통하면서 일일이 한 사람의 얼굴을 기억하고 이름을 부르지 않아도 되는 사회가 되었습니다.

하지만 모니터 너머에는 분명 사람이 존재합니다. '대표', '실장', '작가'라는 직함은 격식 있고 예의바르지만 그뿐입니다. 한 사람을 상상해 보려는 노력 없이 그저 직함만을 부르는 것은 피상적인 소통이 되기 쉽습니다. 우리는 이름을 부르지 않게 되면서 한 사람과 마주하는 방법을 잊어버린 것 같습니다. 그럴수록 그 사람에게만 건넬 수 있는 인사로 다가가고 싶다, 그런 마음이 필요한 것이 아닐까요?

며칠 전 업무 차 한 포토그래퍼 분과 만났습니다. 아는 사람으로부터 소개를 받았던 터라 연락이 닿았던 순간부터 서로 '지우님', '소원님'하고 이름을 부르며 대화를 했습니다. 촬영 당일, 점심에 식사를 하다가 그분이 이렇게 말씀하셨습니다.

"처음에 지우님이라고 불러주셔서 좋았어요."
"다른 분들은 어떻게 부르시는데요?"
"보통은 '작가님'이라고 부르죠."

그 말을 듣자마자 마음 안에 자그마한 파동이 생겼습니다. 여태껏 나는 누군가를 대하는 많은 순간에 자주 이름을 불러주었던가 하고요. 또 반대로 얼마나 누군가로부터 이름이 불려왔는지 떠올려 봅니다. 역시나 '디렉터님'이라는 말보다 '소원님', '원이님'이라고 불렸던 기억이 더 따뜻하게 남아있습니다. 그렇게 이름을 불러주었던 분들은 여전히 얼굴도 생생하게 기억납니다. 저에게도 그분들은 직함이 아니라 한 사람으로서 남게 된 것이겠지요.

혀를 굴려 누군가의 이름을 또박또박 발음하는 것. 생각해 보면 얼마나 성실한 행위인가요. 이 말을 다른 누군가가 아니라 눈앞의 당신에게 이야기하고 있다. 당신이라는 한 사람을 제대로 바라보고 이야기하고 있다. 이러한 마음을 고작 두 글자 남짓의 이름을 부르는 것만으로 닿게 할 수 있는 것입니다. 비단 일터에서뿐만이 아니더라도 이름을 부를 수 있는 순간에는 아낌없이 이름을 부릅니다. "너는 어떻게 생각해?"라고 묻기보다 "OO는 어떻게 생각해?"라고 묻기도 합니다. 타인의 이름을 얼마나 성실히 다루며 부르고 텍스트로 쓸 줄 아는가로부터 우리는 비로소 진심이라는 마음을 볼 수 있는 형태로 감지할 수 있게 되는 것 같습니다.

사람은 추상화가 아니니까요. 직함이나 호칭 너머의 개인을 상상하고 성실히 윤곽을 그리는 연습을 해 봅니다. 이름을 불러주는 것으로 충분합니다. 그 이름을 어떻게 불러줄 것인지 마음을 좀 더 깊이 써 보는 것은 각자의 몫이지만요.

추신. 우연히 무과수 님의 작업실에서 <무과수의 기록 | 베를린>의 퇴고본을 보았습니다. 처음 원고에는 '그녀'라고 적혀 있던 단어가 빨간펜으로 지워지고, '하자(Hazal)'라는 이름으로 고쳐 적혀 있었습니다. 제가 본 세상에서 가장 다정한 퇴고였습니다.

3 일상을 채우는 단정한 자세

기다리는
자세의
미학.

기다리는 시간을 생각해 본 적 있나요? 정확히는 기다릴 때 스스로의 모습 말입니다. 우리는 하루에도 몇 번씩 무언가를 기다립니다. 버스정류장에서 버스를 기다리고, 카페에서 커피를 주문하고, 약속 장소에 먼저 가 있거나 대화하다 잠시 자리를 비운 친구를 기다리기도 합니다. 그 순간 나의 모습은 어떠한가요?

얼마 전 회사에 한 여성 분이 면접을 보러와 1층 카페의 소파에 앉아 계셨습니다. "회의가 길어져서 잠시만 기다려주세요"라는 말을 들으면, 보통은 방금까지 긴장했던 자세를 조금 풀고 휴대폰을 꺼내 들기 마련입니다. 하지만 그분은 몇 분이 지나도 주변을 가만히 바라보며 올곧은 자세로 앉아 계셨습니다. 그분을 보며 기다리는 순간이란 일시정지의 순간이 아니라, 여전히 재생되고 있는 어엿한 일상의 한 순간이라는 것을 깨달았습니다.

기다리는 찰나의 순간에도 나는 누군가가 바라보는 일상의 풍경 속에 놓여 있습니다. 나에게는 잠시 멈춘 시간일지 몰라도, 같은 장소에 있는 다른 사람의 시간은 지금 이 순간에도 흐르고 있습니다. 그 사실을 잊고 우리는 자주 방심합니다. 짝다리를 짚고 버스를 기다리거나, 목과 등을 구부린 채 휴대폰을 들여다봅니다. 그럴 때 내 모습은 주변과 동떨어져 마치 핑킹가위로 잘라 덧붙인 색종이처럼 어색하고 투박해집니다. 기다리는 자세를 아름답게 만드는 것은 나의 반경을 보다 넓게 의식해야 하기에 무척이나 사려가 필요한 일입니다.

며칠 전 인쇄소를 찾았을 때 잠시 테이블로 안내 받아 사장님을 기다린 적이 있습니다. 스케쥴러를 뒤적거리거나 휴대폰을 보며 기다릴 수도 있었지만, 직원 분이 내어주신 차를 홀짝이며 가만히 앉아 있었습니다. 상상해 보았기 때문입니다. 휴대폰으로 카톡을 하거나 릴스를 보고 있다가 어느샌가 다가온 사장님께서 "안녕하세요" 하고 인사를 건네는 순간 허겁지겁 휴대폰을 내려놓고 인사하게 될 제 모습을요.

기다리는 자세에 유의한다는 것은 방심하지 않는 것과도 같습니다. 내가 살필 수 없는 뒷모습을 보여주지 않는 것입니다. 기다리는 순간이란 쉬는 순간이 아니라 준비하는 시간입니다.

기다리는 시간은 중요한 일과 일 사이에 잠시 구멍 난 시간이라고 생각하기 쉽습니다. 하지만 기다리는 시간도 우리의 일상을 채우는 어엿한 소중한 시간입니다. 무(無)와 공(空)은 다릅니다. 무는 없는 것이지만, 공은 빈 것으로 채워진 것입니다. 말하자면 기다리는 순간이란 후자의 순간입니다.

모든 일이 순조롭게 척척 이어지면 좋겠지만 그럴 수만은 없기에 일상 속에는 종종 기다림의 순간이 생깁니다. 이런 원치 않는 일상의 굴곡 속에 우연히 생겨나는 기다림의 시간은 어쩌면 일상이 다시 부드럽게 흘러갈 때까지 자세를 점검해 보라는 작은 선물이 아닐까요?

카페에서 즐겁게 이야기를 나누다 보면 친구가 화장실을 가려고 잠시 자리를 비우는 순간이 있습니다. 그럴 때 종종 기다렸다는 듯이 휴대폰을 꺼내드는 제 모습을 발견할 때가 있습니다. 언젠가부터는 그럴 때마다 아차, 하고 휴대폰을 내려놓고서 방금까지 했던 대화의 내용을 가만히 곱씹거나 카페의 인테리어를 둘러 보기로 합니다.

마찬가지로 버스를 기다릴 땐 고개를 푹 숙인 채 유튜브 영상을 보는 대신 음악을 들으며 거리의 풍경을 천천히 바라봅니다. 반가운 사람과 불쑥 마주쳐도 민망하지 않을 만한 산뜻한 얼굴과 자세로 기다림의 시간을 보내 봅시다. 기다리는 자세를 아름답게 만드는 것이 여유로움을 조각하는 일인 것은 아닐까요?

추신. 때로는 기다림의 시간에 우연히 찾아오는 것들이 있습니다. 하늘에 뜬 하트 모양의 구름이라든지 잊고 있던 해야 할 일이라든지 옆 사람들의 흥미로운 대화라든지요.

4 기억과 기분을 나르는 손

손을
관리하고
있나요?

손 케어를 받아야겠다고 마음먹은 것은 몇 주 전의 일입니다. 브랜드 신제품 촬영 컷에 제 손이 등장했는데, 피부가 튼 흔적과 손톱 주변의 거스러미가 적나라하게 드러나 있었던 것입니다. 생각해 보니 손이란 바깥에 늘 노출되어 있는데다가 가장 혹사시키는 부위인데도 한 번도 세심히 케어해야겠다는 생각을 한 적이 없었습니다. 얼굴은 아침저녁으로 스킨과 로션도 바르고 때로는 팩까지 하면서 말입니다.

몸을 관리한다고 하면 우선 딱 봐도 아름답게 보일 수 있는 부분에 집중하게 됩니다. 누가 봐도 바뀐 것을 알아챌 수 있는 헤어 스타일, 요즘 유행하는 겨울철 아이템, 피부 요철을 가려주는 파운데이션, 뷰티 유튜버들의 화장법 그리고 영원히 끝나지 않는 (시작되지 않는) 다이어트…….

하지만 이저인 것에 앞서 먼저 맨몸이 있습니다. 맨손, 맨발, 맨 얼굴, 맨다리 그리고 곳곳의 잘 눈에 띄지 않는 부위까지요. 겉으로 드러나는 것에만 온 신경을 기울이느라 나를 이루는 가장 기본적인 맨몸에 대한 보살핌은 뒷전에 두고 있지는 않나요?

우리는 생각보다 누군가의 손을 바라보거나 맞잡을 일이 많습니다. 어린 시절부터 가장 가까이 있는 사람의 손을 만지고 바라보며 자라왔습니다. 반갑다는 인사도, 위로의 인사도, 사랑한다는 인사도 모두 손으로 합니다. 긴 옷을 입을 때조차 손만큼은 타인에게 보여집니다.

최근에 누군가의 손을 잡았던 순간이 있나요? 손을 잡는 순간 우리는 많은 것을 느낍니다. 손을 맞잡았을 때 손바닥에 전해지는 부드럽거나 까슬까슬한 감촉, 바위처럼 단단하거나 두부처럼 연약한 느낌, 따뜻하거나 차가운 온도 모두 그 사람만의 강렬한 인상으로 다가옵니다.

따뜻한 손을 만지면 안심이 됩니다. 부드러운 손을 만지면 마음이 말랑해집니다. 그 반대도 마찬가지입니다. 내 손을 만진 사람에게 매 순간 어떤 기억이나 기분을 전하고 있습니다. 누군가가 나의 손을 잡을 때 편안한 기분을 느꼈으면 좋겠다. 그런 마음으로 내 손을 바라보면 얼굴만큼이나 공들여 보듬지 않으면 안 되겠다는 생각이 듭니다.

손을 보기 좋게 관리하는 것은 단순히 인상을 좋게 하기 위한 일이 아닙니다. 손은 기억과 기분을 나르는 도구입니다. 인사를 할 때, 악수를 할 때, 선물을 건넬 때 등 사람과 연결되는 순간 언제나 가장 흔쾌히 앞장서는 부위입니다. 그런 손을 깨끗하고 단정하게 가꾸는 노력을 기울이는 건 결코 시간 낭비가 아닙니다.

처음으로 네일숍에 가서 손 케어를 받고 단정해진 손을 보면서 괜스레 흡족해 자꾸만 바라보게 되는 요즘입니다. 이 손으로 글도 쓰고 밥도 먹고 서류도 건네고 인사도 합니다. 사람들에게도 훨씬 깔끔한 인상을 주고 있을 것이라 생각하면 무척 뿌듯합니다. 손을 깔끔하게 가꾸는 것. 올해는 이런 맨몸의 디테일부터 시작해도 좋지 않을까요?

추신. 얼마 전에 대표님과 마주 앉아 식사를 하다가 우연히 손을 보았습니다. 무척이나 단정하고 깔끔하여 칭찬했더니, 손에 대한 칭찬을 받는 것은 처음이라며 멋쩍어하셨습니다. 고작 이런 칭찬이 누군가를 기분 좋게 만들 수 있는 일이라면 곁에 있는 사람의 손을 더 자주 바라보고 싶습니다.

5 펜은 칼보다 강하다

좋은 펜
한 자루의
힘.

처음으로 펜을 선물 받았던 것은 첫 회사를 다닐 때 미국 여행을 다녀오신 대리님으로부터입니다. 유명한 독일 LAMY 사의 은색 볼펜이었는데요. 그 펜을 주면서 대리님은 이렇게 말씀하셨습니다. "소원님은 쓰는 사람이니까, 좋은 생각을 이 펜으로 잘 적길 바라요." 더욱 마음에 와닿은 것은 다음에 이어진 말씀이었습니다. "좋은 볼펜이 있으면 중요한 싸인 할 기회도 많아진다고 해요. 소원님에게도 그런 기회들이 생기면 좋겠네요." 펜과 함께 뉴욕 MOMA 미술관의 노트를 받았던 저는 언젠가 미국에 진출하고 싶다는 야망을 키우며 한동안 그 노트와 펜으로 영어 문장을 적곤 했습니다.

그 후로도 좋은 펜은 좋은 기회를 불러온다는 말을 마음에 새기고 있습니다. 그래서 누군가를 응원하고 싶을 때면 펜 선물이 불쑥 떠오릅니다. 그래서 좋은 벗이자 제가 일하는 브랜드의 대표에게 드릴 선물을 고를 때도 광택이 좋고 조금 묵직한 볼펜을 골랐습니다. 앞으로 좋은 일을 불러 올 많은 계약들에 사인을 해야 할 순간마다 그 볼펜을 사용하길 바라면서요.

그러다 얼마 전, 저의 생일날이었습니다. 동료들이 저를 위해 깜짝 선물을 준비해 주었는데요. 제 이름이 영문으로 각인된 PILOT 사의 만년필이었습니다. 손바닥보다 살짝 작은 아담한 길이에 어슴프레 와인빛이 감도는 브라운 컬러와 광택이 무척 고급스러웠습니다. 뚜껑에 영문으로 새겨진 제 이름을 보니 가슴 속에서 뭉근히 감동이 퍼지며, 새삼 '쓰는 사람'이라는 말이 떠올랐습니다. "이번에 출간한 책에 싸인할 때 쓰세요"라는 동료의 말에 그 후로 함께 받은 가죽 케이스에 휴대하며 싸인할 일이 있을 땐 가방 속에 늘 넣고 다닙니다.

"펜은 칼보다 강하다"라는 말이 있습니다. 무력보다 강하고 뜨거운 언어의 힘과 책임을 보여주는 말이지요. 그렇다면 그런 귀한 언어를 실어 나르는 도구인 펜도 중요한 것이 아닐까요? 종종 영화나 드라마에서 CEO나 품위 있는 사람들이 만년필이나 고급진 펜으로 서류에 싸인하는 모습을 보곤 합니다. 만약 그 장면에 나온 펜이 동네 문구점에서 파는 500원짜리 볼펜이었다면 어떤 느낌이었을까요? 펜이란 잉크만 잘 나오면 그만이라고 생각할 수 있지만 그렇게나 작은 도구가 나의 영향력과 지위를 드러내는 소중한 디테일이 될 수도 있습니다. 칼을 품은 사람은 함부로 대할 수 없습니다. 그렇다면 하물며 칼보다 강한 펜을 소중히 지니고 다니는 사람은 어떨까요.

언제 어디서 꺼내 보여도 '이 사람, 센스 있네' 라고 어필할 수 있는 좋은 펜 한 자루, 또는 내 이름을 각인한 하나뿐인 펜을 품 안에 고이 지니고 다니는 것도 좋겠습니다. 내가 실어 나르는 단어와 문장들에 책임감이 더해질 것입니다.

추신. 펜이 나를 표현하는 도구라고 한다면 나만의 잉크 색도 골라 봅시다. 저는 한때 카키모리 사의 만년필에 싱그러운 풀빛의 잉크로 편지를 쓰곤 했는데, 제가 보낸 편지라는 걸 슬쩍 알려주고 싶은 마음을 담고 싶었달까요.

딱 좋은
무게의
물건들.

설을 맞아 본가에 내려왔습니다. 엄마가 차려주는 아침 식사를 먹는데 식탁의 풍경이 사뭇 달라보였습니다. 여태껏 써 오던 묵직한 도자 그릇은 온데간데 없고 여느 백반 식당에서 흔히 볼 법한 가볍고 흰 그릇들이 놓여 있었던 것입니다.

"그릇 바꿨어?" 하고 물어보니 "설거지할 때 손목 아파서"라고 합니다. 친구로부터 좀 더 가벼운 그릇으로 바꾸라는 잔소리를 들었답니다. 플레이팅에 목숨을 걸던 엄마가 그렇게 아끼던 도자 그릇들을 포기할 정도라니 살림의 무게란 세월만큼 무섭구나 싶습니다.

새삼 물건의 무게에 대해 생각해 봅니다. 일상에서 함께하는 물건들의 딱 좋은 무게를요. 매일 사용하는 물건 중에 쓸데없이 무겁거나 경망스럽게 가벼운 물건이 있지는 않은가요?

저는 자그마치 7년째 사용하고 있는 15인치 맥북이 떠오릅니다. 종종 "이걸로 머리 치면 살인미수야"라는 우스갯소리를 할 정도로 무겁습니다. 그래서 좀처럼 노트북을 들고 카페에 가거나 여행을 갈 엄두가 나지 않습니다. 화면이 작아도 좋으니 조금이라도 더 가벼웠으면 해서 훗날 훨씬 작은 인치의 제품을 사려고 벼르고 있습니다.

휴대폰을 고르는 기준도 마찬가지입니다. 아이폰 13 미니를 쓰고 있는 저는 큰 화면이나 성능에 욕심이 별로 없습니다. 오래 들고 있어도 손목에 부담이 없고, 어떤 사이즈의 주머니에든 쏙쏙 들어가 제 생활에는 딱 좋습니다.

가벼울수록 좋은 물건이 있는가 하면 상황에 따라 조금 묵직한 듯한 것이 좋은 물건들도 있습니다. 예를 들면 평소 혼자 하는 식사를 위한 그릇은 가벼운 것이 산뜻하니 좋지만, 귀한 손님을 초대하거나 특별한 식사에는 조금 묵직한 그릇과 커트러리를 쓰는 편이 훨씬 기품이 느껴집니다. 마찬가지로 매일 착용하는 시계는 가벼운 것이 좋지만, 귀한 자리나 공식적인 행사에는 조금 묵직한 시계를 찰 때 자세와 마음가짐도 바로섭니다. 또 낙서를 하거나 기록할 때 쓰는 펜은 손목이 편한 가벼운 것이 좋지만, 중요한 싸인을 할 때나 편지를 쓸 땐 조금 묵직한 펜을 드는 편이 글씨도 날아가지 않을 뿐더러 신중한 손가짐을 만들어 줍니다.

이렇듯 가벼울수록 좋은 물건이 있고 조금 묵직해야 좋은 물건이 있습니다. 그리고 그 기준은 사람마다 조금씩 다르겠지요. 나에게 딱 좋은 물건의 무게감을 의식하고 그에 알맞은 물건을 사용하는 것을 또 하나의 기본으로 여겨 봅시다. 내가 쓰는 물건의 무게가 곧 생활의 무게감입니다. 가벼울 데는 가볍고 묵직할 데는 묵직하게, 일상의 굴곡을 부드럽게 가꾸며 한층 산뜻한 생활로 나아갑시다.

추신. 퇴고를 하는 지금, 드디어 13인치의 맥북을 새로 구매했습니다. 아담한 크기에 한층 가벼워진 무게가 마음에 듭니다. 요즘에는 가방에 부담없이 넣어 카페를 오가며 원고를 고치고 있습니다.

7 미니멀리즘은 1평에서부터

단순한
욕실의
풍경.

6평짜리 작은 단칸방인 저희 집에서 가장 단순한 장소를 꼽자면 단연코 욕실입니다. 물건의 개수를 하나하나 손꼽아 셀 수 있는 정도입니다. 지금 한 번 세 볼까요? 세면대에는 칫솔, 치약, 핸드워시가 전부입니다. 캐비닛에는 양치컵, 클렌징폼, 헤어밴드, 수건, 면도기, 여성용품이 있습니다. 바닥에는 샴푸, 린스, 바디워시가 하나씩. 청소용품은 청소솔, 변기솔, 수세미, 스퀴지 4가지. 마지막으로 변기 위에는 캔들이 하나 놓여 있습니다. 모두 합해 16개입니다. (여러분도 한 번 욕실에 몇 개의 물건이 있는지 세어 보세요.)

여기서 덜어낼 것도 더할 것도 없습니다. 예전에 마음먹고 욕실의 물건들을 싹 정리한 이후로 줄곧 이 상태를 유지하고 있습니다. 물건 사이마다 여백이 있는 서랍에 대한 로망이 있었는데요. 욕실에서 그 로망을 이룬 셈입니다. 수납이라고 하면 얼마나 방대한 물건을 공간 안에 알차게 쑤셔 넣을 수 있는가를 얘기하곤 하지만 물건을 수납하는 것의 기본은 여백이 아닐까 싶습니다.

수납이란 물건에 자리를 선물해 주는 것이라고 생각합니

다. 언제든 손 뻗어 쾌적하게 사용할 수 있는 상태로 있게 끔 물건에게 적절한 위치와 공간을 확보해 주는 것입니다. 사람 사이에도 '퍼스널 스페이스'라는 개념이 있듯이 물건 도 고유의 존재감을 갖출 수 있도록 최소한의 주변 공간이 필요합니다. 그런 공간이 없다면 물건을 꺼낼 때마다 그 옆의 물건이 매번 딸려 나와 정돈된 공간이 흐트러집니다. 옷과 가방은 구겨지거나 습기가 차기도 합니다. 예쁜 소품 이나 그림 액자, 화분도 물건들에 꽉 둘러싸여 있으면 아 우라가 사라집니다. 주변이 트여 있어야 비로소 각 사물의 아름다운 형태가 고스란히 보이는 법입니다.

집이 좁거나 인원이 많아 현실적으로 여유로운 수납만을 고집할 수 없다면, 쉽게 도전해 볼 수 있는 첫 번째 공간으 로 욕실을 추천합니다. 욕실의 물건들은 대개 용도가 확실 히 정해져 있고 사용 유무를 고민 없이 답할 수 있어 물건 을 정리하기에 부담이 없기 때문입니다. 단순한 욕실의 풍 경을 만드는 힌트를 몇 가지 소개합니다.

욕실의 물건은 용도별로 하나 또는 꼭 필요한 개수만큼만 둘 것, 치약 같은 생필품을 몇 개씩 쟁여두지 않을 것, 매일 쓰지 않는 물건은 다른 곳에 보관해 두고 사용할 때만 꺼내 쓸 것, 캐비닛이 넓다고 이런저런 물건을 두지 말고 꼭 필요한 물건만을 여백을 충분히 두어 가지런히 놓아둘 것. 미니멀리즘은 1평에서부터 시작되는 법입니다.

추신. 욕실 다음에는 냉장고를 도전해 보세요. 유통기한이 지난 것은 버릴 것. 더 이상 나의 식습관이나 건강 철학에 맞지 않는 음식은 버릴 것. 선물 받아 모셔뒀지만 먹지 않을 것 같은 음식은 버릴 것. 양이 많이 남아 아깝게 느껴지지만 오래된 음식은 버릴 것.

다정함은
손끝에서부터.

다른 사람의 손길을 느낄 일이 자주 없다는 것을 얼마 전 미용실에서 새삼 떠올렸습니다. 미용실에 가면 저는 머리를 감는 순간을 가장 좋아합니다. 누군가의 따뜻한 손길을 느낄 수 있는 순간이기 때문입니다. 머리를 내맡기고 샴푸질을 받을 때면 기분 좋은 물의 온도와 함께 디자이너님의 섬세한 손길이 느껴집니다. 머리카락을 사그랑사그랑 빗고 두피를 지분지분 만져주는 손끝에서 '아, 이 사람이 마음을 쓰고 있구나'하는 것을 알 수 있습니다.

디자이너 분마다 손끝에서 전해지는 느낌이 다릅니다. 그중에는 조금 더 신중하고 상냥한 떨림이 느껴지는 손끝을 가진 분이 계십니다. 그런 분은 겉으로는 다소 무뚝뚝해 보이는 인상일지라도, 속으로는 얼마나 친절한 마음을 건네고 있는 분인지 알 수 있습니다.

꼭 머리를 할 때만이 아닙니다. 손케어를 받을 때나 속눈썹 펌을 받을 때도 손끝을 느낄 수 있습니다. 말을 나누지 않아도 시술을 받는 순간 알 수 있습니다. 온전히 마음을 쓰고 있는지를 말입니다. 그저 돈을 받았으니 그만큼의 서비스를 해 주는 것인지, 한 사람을 대하는 마음으로 정성껏 공을 들이는 것인지 전부 느껴집니다. 그 감각이 투박하게 느껴질 때면 저도 마음이 불편해 얼른 자리를 뜨고 싶어집니다. 반대로 부드러운 손길에는 저도 마음을 열고 머리든 손이든 내맡기고 싶은 심정이 됩니다.

가까운 사이에서도 이런 순간을 느낄 때가 있습니다. 친구가 목도리를 둘러주는 손끝, 할머니가 내 손을 연신 주무를 때의 손끝, 엄마가 신발끈을 묶어주거나 목걸이를 채워줄 때의 손끝. 살포시 닿았다 떨어지는 다정한 손끝들이 있습니다.

미용실에서 나와 근처 우동집에서 늦은 점심을 먹는데 옆 테이블에 30대 부부가 앉아 식사를 하고 있었습니다. 남편처럼 보이는 분이 아내 분의 머리카락을 쓸어 주는데, 그 순간 '이 분은 다정한 사람이구나' 하고 느낄 수 있었습니다. 계속 들려오는 대화에서도 이 분이 얼마나 상대를 애틋하게 여기고 있는지 고스란히 전해졌습니다.

비단 사람을 향해서가 아니더라도 물건을 다룰 때도 손끝의 온도를 느낄 수 있습니다. 얼마나 무신경하게 물건을 쥐고 쓰고 놓는지 혹은 얼마나 애틋이 여기는 마음으로 물건을 애용하는지 말입니다. 그리고 그러한 손길은 세월을 거듭하며 물건에 고스란히 배어갑니다. 물건도 그러한데 하물며 사람은 어떨까요?

한 사람의 다정함의 척도를 가늠하기란 어렵습니다. 친절한 어투로 말을 많이 거는 사람이 수줍어서 말을 잘 못하는 사람보다 무조건 더 다정한 사람이라 할 수 없듯이요. 하지만 때때로 한 사람의 다정함은 의외의 부분, 손끝에서 드러납니다. 누군가에게 마음을 쓰는 순간, 섬세해지고 상냥해지는 손끝의 떨림은 꾸며내거나 조각할 수 없습니다.

표현이 부족한 수줍은 사람일지라도 걱정 마세요. 당신에게는 손이라는 도구가 남아 있으니까요. 저도 손끝을 다정하게 쓰는 사람이 될 수 있다면 좋겠습니다.

추신. 저는 손끝의 힘이 다소 약한 편입니다. 그래서 피아노의 음을 종종 놓치고 컵을 왕왕 깨뜨리지요. 사람을 대할 때 그리고 물건을 대할 때는 대체 얼마나 세심한 강도의 마음이 필요한 것일까요?

9 취향을 찾아주는 카페

나에게
꼭 맞는
커피.

1년 만에 도쿄를 찾았습니다. 도쿄에 가면 새로운 나다움을 하나씩 꼭 발견하곤 합니다. "알고 보니 이걸 좋아하네" 하고 깨닫는 산뜻한 기쁨은, 취향을 찾아주는 도시 도쿄에 오면 꼭 느끼는 소중한 기분입니다. 오늘은 아메리카노가 서툴던 저에게도 꼭 맞는 커피를 찾아 준 공간, '커피 마메야'에서 느꼈던 이야기를 들려드리고자 합니다.

'커피 마메야'는 커피 본연의 맛을 간직한 다양한 원두를 로스팅해 큐레이션하는 특별한 커피숍입니다. 총 25칸으로 이루어진 표를 기준으로 마메야에서 로스팅한 원두들이 맛과 색, 로스팅 방식 등에 따라 구분되어 있습니다. 약배전부터 강배전, 옅은 색부터 아주 짙은 색까지 원두의 이름도 무척 다양해 여러모로 생소할 따름입니다. 처음 공간에 들어서면 마치 약국에서 약을 처방받는 것처럼 바 테이블을 사이에 두고 바리스타와 대화하며 나에게 꼭 맞는 원두를 찾아가게 됩니다.

"산미가 강한 쪽과 약한 쪽, 어느 걸 선호하세요?"라는 질문에 "산미 없는 고소한 쪽이요"부터 "평소 산미 없는 게 좋지만 새로운 맛을 경험해 보고 싶어요"까지 자유로운 대답을 할 수 있습니다. 스무고개를 하듯 질문과 대답을 이어 가며 서너 가지 원두를 추천받습니다. 다크초콜릿을 닮은 가장 까만 원두, 홍차의 느낌이 나는 원두, 구운 사과 향이 나는 원두, 시나몬 향이 나는 원두 등등. 그동안 원두라면 '무조건 산미 없는 것'만을 외쳤는데, 이렇게나 다양한 향과 질감을 가진 원두가 있다는 사실이 무척 흥미로웠습니다. 종류가 어느 정도 추려지면 각 원두에 가장 걸맞는 추출 방식에 따라 핸드드립이나 콜드브루로 내린 커피를 한 잔씩 맛보면서 취향에 맞는 원두를 고릅니다. 마치 커피 오마카세를 경험하는 기분이랄까요.

부드러운 목넘김이 인상 깊은 원두가 있는가 하면, 입 안에 계속 향의 여운이 남는 원두, 커피라기 보단 새로운 음료를 마시는 듯한 원두도 있습니다. 그동안 알지 못했던 다양한 커피 맛의 향연에 흠뻑 취해 동료들끼리 서로 어떤 커피가 마음에 드는지 재잘재잘 이야기했습니다. 그렇게 맛본 6가지 원두 중에 가장 기억에 남았던 'Haile Selassie' 원두를 구매했습니다. 커피에 대한 견문이 한껏 넓어진 듯한 느낌에 무척 뿌듯해 앞으로도 더 다양한 맛을 탐구해 보고 싶어졌습니다.

취향을 찾아준다는 것은 무슨 뜻일까요? 바로 '표준'이 아닌 '기준'을 알려주는 것입니다. 커피 마메야에서는 커피의 표준이 아니라 다양한 기준을 제시해 내게 꼭 맞는 맛의 원두를 찾을 수 있도록 해 줍니다.

비단 이곳뿐 아니라 일본의 많은 식당에서는 밥이나 면의 사이즈를 고를 수 있습니다. '츄모리(中)', '오오모리(大)'를 주문해도 금액이 올라가지 않습니다. 사람마다 자신에게 맞는 밥 양이 다르므로 '표준 양'이라거나 '표준 금액'이라는 개념도 없는 것이지요. 한 번은 신주쿠의 어느 라멘집에 들어가 "저만한 여자가 먹을 만한 양은 어느 정도인가요?"라고 물었는데 "사람마다 다르지요. 많이 드시는 여성분도 계시니까요"라는 주방장의 우문현답에 조금 부끄러웠던 기억이 있습니다. 올시즌즈 커피에서 아이스크림 푸딩을 먹을 때도 '카라멜 시럽'과 '에스프레소' 두 가지 옵션을 선택할 수 있었고, BUNDAN Coffee & bar에서 주문한 셰익스피어 스콘은 무려 5종의 소스 가운데 두 가지를 고를 수 있었습니다.

이렇듯 도쿄에 머물다 보면 정말 별 것 아닌 사소한 것들도 계속해서 '조금 더 나다운 것', '조금 더 내가 좋아하는 것'으로 고르는 연습을 거듭하게 됩니다. 그 과정에서 내 안에 새겨져 있던 사회의 표준을 지우고 나에게 꼭 맞는 기본을 찾아갑니다. 매 순간 나로 다시 돌아가는 시간, 도쿄에서는 그런 순간들을 심심찮게 마주치게 됩니다.

취향을 발견한다는 것은 더 많은 선택지가 있다는 것을 알게 되는 것, 더 나아가 표준에 속지 않고 끊임없이 스스로에게 '이게 좋아? 저게 좋아?' 하고 질문을 거듭하는 것이 아닐까요? 기본을 찾는다는 것은 나에게 꼭 맞는 커피 한 잔에서부터 시작되는 것일지도 모릅니다.

추신. 그래서 저는 기본적으로 큐레이션을 받기 보다는 직접 선택을 해야 하는 서비스를 소중히 여깁니다. 비록 늘 결정이 힘들어 곤혹을 치르곤 하지만, 그런 고비(?)를 건너며 제 안의 기본은 더 세밀해지고 단단해져 가는 게 아닐까요?

10 왠지 기분 좋아지는 사람의 힌트

시원스러운
상냥함이란.

"보고 있으면 왠지 기분 좋아지는 사람 있지 않아요?"

도쿄 쿠라마에의 한 초콜릿 디저트 카페에서 줄을 기다리고 있는데, 갑자기 동료 재현님이 이런 말을 했습니다. 그가 말하는 사람은 다름 아닌 아까부터 분주하게 문을 들락날락거리며 줄을 선 손님들을 안내하는 직원 분이었습니다. 꾸밈없는 짧은 머리에 흰색의 단정한 유니폼을 차려입은 수수한 얼굴이 매력적이었습니다.

"어떤 느낌인지 알죠?"
"네, 약간 '바른 청년'의 느낌."

이런 대화를 하며 두 사람 다 괜히 그분의 뒤꽁무니를 눈으로 쫓았습니다. 그러다 떠오른 의문이 하나 있었습니다.

"근데 어떤 부분 때문에 기분 좋다고 느끼는 걸까요?"
"음……. 계단을 성큼성큼 올라가는 모습? 순수함?"

재현님은 고민하며 대답했습니다. 저는 그 대답을 곱씹다가 어렴풋이 '시원스러움'이라는 단어를 떠올렸습니다. 그가 계단을 성큼성큼 올라가는 것은 투박하고 둔탁한 느낌이 아니라 바람이 한 번 상쾌하게 불고 지나가는 것처럼 시원스러운 느낌이었습니다. 뿐만 아니라 손님을 마주하면 한 치의 머뭇거림 없이 환한 미소를 짓고 선뜻 도움을 주는 모습이 마치 산들바람처럼 싱그럽게 느껴졌습니다.

사실 그를 보자마자 처음 떠오른 단어가 있었습니다. 바로 일본어로 '사와야카(爽やか)'라는 형용사입니다. 사와야카란 마치 이런 장면이 떠오르는 듯한 단어입니다. 애니메이션 속에서 주인공이 환하게 웃는 순간 주변부에 작은 들꽃들이 화사하게 포로롱 피어나는 장면 말입니다. 또한 뽀송뽀송 잘 마른 빨래를 보시락보시락 만질 때 느껴지는 산뜻하고 상쾌한 느낌. '사와야카'란 그런 단어입니다.

느낌으로만 알던 사와야카라는 단어를 검색해 보니 그에게서 느꼈던 시원스러움의 정체를 알게 된 것 같았습니다. 일본어 사전에 의하면 '산뜻하고 상쾌한 모양', '막힘이 없이 시원시원한 모양'이라는 뜻이라고 합니다. 제가 그때 느꼈던 그의 시원스러움은 다름 아닌 서비스를 전하는 사람으로서 가진 상냥한 부지런함이었습니다. 바른 자세로 메뉴판을 건네고 대화를 나눌 땐 입가에 화사한 미소를 띠고, 긴 다리를 뻗으며 계단을 가뿐히 오르내리는 모습은 그가 카페의 업무와 손님들의 편의를 위해 몸 전체를 쓰며 부지런히 움직이고 있다는 증거였습니다.

산들바람이 풀꽃을 스치듯 막힘이 없이 상냥하게. 그런 모습은 평소 의외로 감상하기 드뭅니다. 손님의 호출에도 느긋하게 움직이고, 딱딱한 표정으로 응대하며, 손으로 직접 건네드리는 대신 위치만 스윽 가리키는 직원들도 많습니다. 긴 허우대로 이리저리 발 빠르게 누비는 그를 보며 생각했습니다. 손발과 얼굴, 몸 전체를 시원스럽게 움직일 줄 아는 성실함은 곧 상냥함이라고요. 싱그럽게 웃어 보이는 것, 두 다리를 사뿐하게 내딛는 것은 생각보다 마음을 쓰지 않으면 어려운 일입니다.

시원스럽게 미소 짓고, 시원스럽게 대답하고, 시원스럽게 걷고, 시원스럽게 친절을 베푸는 동작. 마치 어린아이의 천진난만한 모습과 닮은 듯하지 않나요? 그런 풋풋함으로부터 그 청년이 갖고 있던 특유의 순박하고 바른 느낌이 흘러나오는 것 같았습니다. 그날 저희가 생각했던 '왠지 보고 있으면 기분 좋아지는 사람'이란, 자신이 마주한 눈앞의 사람과 맡은 일에 성심성의껏 마음 쓸 줄 아는 맑고 상냥한 사람이 아닐까요?

추신. 그날 아침부터 컨디션이 좋지 않던 다른 동료는 그만 카페에서 구토를 하고 말았는데요. 사정을 말하니 이미 직원을 올려 보냈다며 일행 분은 괜찮냐고 물어보는 그 분의 다정함에 또 한 번 고마움을 느꼈습니다.

| 11 | 나의 말씨를 빚는 일 |

어떤 언어를
말하고
있나요?

10년 넘게 일본어를 말해 왔지만 가족이나 친구에게 일본어를 하는 모습을 제대로 보여준 적이 없습니다. 그러다 얼마 전 도쿄에 출장을 갔을 때 동료 정화님으로부터 이런 말을 들었습니다. "원이님은 한국말보다 일본어로 말할 때 목소리가 한 톤 높아지는 것 같아요." 한 번도 의식해 본 적 없었는데 정말로 그러했습니다. 문득 예전에 가마쿠라에서 만났던 사야 상으로부터 들었던 말이 떠올랐습니다.

"원쨩의 일본어는 丁寧해."

'丁寧(ていねい)'란 상냥하고 공손하다는 뜻의 일본어입니다. 누군가로부터 제 말투에 대한 이야기를 들은 건 그때가 처음이었습니다. 일본인들도 이렇게 말하는 법을 배워야 해, 라고 말하는 사야 상과 술잔을 기울이며 저는 속으로 '丁寧'라는 말을 오래 곱씹었습니다. 그 단어는 평소에도 제가 살아가고 싶은 삶의 태도를 잘 나타내는 말이었기에, 제가 바로 그런 말씨를 쓰고 있었다는 사실이 은근히 기뻤습니다.

스스로 생각했을 때 평소의 저는 차분하고 단정하게 말

하는 사람이 아닙니다. 한국말을 할 때의 저는 조금 더 즉흥적이고 악센트도 자유분방한 타입입니다. 하지만 일본어를 말할 때의 저는 또 다른 모습이 됩니다. 일본어 특유의 발성 구조 때문일 수도 있고, 일본에서 주로 만나는 사람이 손윗사람이거나 초면인 이유도 있을 테고, 한국말을 할 때보다는 표현에 제한이 있기에 단어를 하나하나 고심하여 조금 더 신중하게 말하는 것인지도 모릅니다. 하지만 그 이상의 무엇이 있다고 한다면, 어쩌면 한국어와는 또 다른 언어를 말할 때 다른 삶의 태도에 조금 더 가까워질 수도 있다는 생각이 들기도 합니다.

언어적 태도. 저는 그것을 종종 '말씨'라고 부릅니다. 글자를 쓰는 모양새를 '글씨', 마음을 쓰는 모양새를 '마음씨'라고 하듯, 우리는 늘 자신의 목소리로 언어를 쓰는 말씨를 빚고 있습니다. 언어마다 단어도 억양도 문장 구조도 각기 다릅니다. 그렇기에 우리가 언어를 갈아 끼울 때마다 그 언어로 표현하고자 하는 생각과 마음을 빚는 방식도 달라집니다. 가만 보면 우리는 한국에 태어났기 때문에 자연스럽게 한국어를 말해 왔을 뿐입니다. 하지만 내 목소리로 자연스럽게 말할 수 있는 또 다른 언어, 내가 지향하는 삶의 분위기에 어울리는 언어를 다채롭게 발견할 수 있는 것은 아닐까요? 다른 언어를 배우는 것은 그 나라에 대해 더 깊이 알아가는 일이라 생각했는데 오히려 나만의 말씨를 새롭게 가꿔가는 일 같습니다.

여러분은 어떤 언어를 말하고 있나요? 또 어떤 언어를 말할 수 있나요? 나도 모르게 조금 더 편해지는 언어, 조금 더 내가 바라는 내 모습으로 있을 수 있는 언어, 조금 더 자유로운 기분이 드는 언어가 있을지도 모릅니다. 저는 한국말을 할 때는 조금 더 솔직하고 활기찬 사람이 되고, 일본어를 말할 때는 조금 더 정갈하고 담백한 사람이 되는 것 같습니다. 만약 제가 프랑스어를 말할 수 있다면 또 어떤 분위기를 가진 사람이 될까요?

기본을 가꾼다는 것은 나에게 가장 기분 좋고 편안한 모양새를 찾아가는 것입니다. 그리고 모양새에는 글씨, 마음씨 그리고 말씨도 있습니다. 내가 가진 고유의 목소리로 빚어내는 말씨에 귀 기울여 보세요. 새로운 언어를 배우는 일은 나를 표현하는 또 다른 말씨를 발견하는 소중한 기회가 될 수도 있습니다.

추신. '사피어-워프' 가설을 들어보셨는지요. 한 사람이 쓰는 언어의 문법적 체계가 그 사람이 세상을 이해하고 바라보는 방식과 행동에 영향을 미친다는 이야기인데요. 왠지 그럴싸하게 느껴집니다.

12 생활은 사랑

물건을
다루는
다정한 손길.

"정말 소중한 것이라면 이렇게 다뤘을까?" 사뭇 로맨틱하게 들리는 이 말은 동료 정화님의 말입니다. 며칠 전 옷가게에서 새로운 옷을 입어 보려고 탈의실에 들어간 정화님은 문득 부끄러움을 느꼈다고 합니다. 자신이 방금 바닥에 아무렇게나 휙 던져둔 옷가지들이 눈에 들어왔기 때문입니다. "새 옷은 살지도 안 살지도 모르는데, 정작 내가 입고 있던 옷은 내팽개친 거예요." 결국 다시 옷을 주섬주섬 집어 바르게 걸어 놓았다는 이야기입니다.

"만약 천만 원짜리였다면 그랬을까요? 얼마 전에 찍은 인생네컷도 아무렇게나 두고 있었더라고요. 추억은 소중한 건데도요." 이런 이야기를 서로 주고받다가 결국 한 결론에 도달했습니다. 무언가를 소중하다고 생각하면 결코 함부로 대할 수는 없는 법이라고요. 다시 말해, 물건을 아무렇게나 다룬다는 것은 그것을 소중하게 생각하는 마음이 부족하다는 것입니다. 하지만 다음날 회사에 와서 이 이야기를 다시 꺼냈을 때 다른 동료는 말했습니다. "옷을 갈아입다 보면 아무렇게나 던져둘 수 있죠. 그렇게 중요한 일일까요?"

그럴 수도 있습니다. 하지만 그 순간 정화님은 널브러뜨린 옷가지에서 단순히 옷이 아니라 자신의 마음을 본 것이겠지요. 마음의 모양이라면 그것은 중요한 일이 됩니다. 우리는 평소 물건을 둘 때 일일이 그 물건을 소중히 여기며 다루는 것은 아닙니다. 바쁘거나 귀찮을 땐 획 던지고, 여유로울 땐 얌전히 둡니다. 나의 기분에 따라 물건을 복종시키는 것입니다. 하지만 나의 일상을 이루는 다른 것들을 애틋이 여기는 마음, 눈길로든 손길로든 매 순간 그 마음을 잘 빚어낼 때 우리는 또 다른 형태의 사랑을 하는 것이라 생각합니다.

물건들이 놓인 풍경은 내가 쏟은 사랑의 풍경입니다. 물건의 모양은 내가 정성껏 빚거나 또는 무심코 던진 사랑의 모양입니다. 그렇게 생각하면 좀처럼 그러한 사랑을, 귀한 마음을 아무렇게나 선단에 획 걸고 바닥에 털썩 둘 수는 없습니다. 조각가는 작품에 대한 사랑을 수개월 또는 수년 걸려 혼신을 다해 빚습니다. 생활자로서 우리는 그 정도까지는 아니더라도 매일 물건을 다룰 때마다 가볍게 사랑을 조각할 수 있습니다.

그러므로 물건을 바르게 놓는 것은, 매 순간 사랑을 연습하는 것입니다. 그러니 사랑을 연습하는 기회라고 생각하고 물건을 소중히 놓아 봅시다. 물건뿐 아니라 말도 사람도 상황도 마찬가지입니다.

다시 말해, 생활은 사랑.
끊임없이 일상 속의 무언가를 소중히 돌보는 연습입니다.

추신. 요즘 제가 바르게 놓고 있는 물건이 있다면 수건과 잠옷입니다. 아침에 일어나면 잠옷을 잘 개어 침대 위에 올려두고, 수건을 쓴 뒤엔 모서리를 잘 맞춰 가지런히 널어두고 있습니다.

13   일상은 클로버 저금통

일상 속
행운
모으기.

"운을 모으고 있지."

일드 <중쇄를 찍자>에 등장하는 한 인물은 이런 말을 합니다. 그는 자전거를 잘 세우지 못하는 노인을 도와주고, 잔돈이 생기면 모금함에 넣는 등 언제나 친절하게 이웃을 도와줍니다. 마치 저금통에 차곡차곡 동전을 모으듯 좋은 행동을 실천합니다. 그가 말하길 좋은 일을 하면 운이 쌓인다고 합니다.

갑자기 그 드라마의 인물이 생각난 것은 최근에 오타니 쇼헤이 선수가 결혼 발표를 했기 때문입니다. 그게 무슨 상관이냐고요? 말하자면 오타니 선수가 화제가 되면서 한동안 잊고 있던 그의 '만다라트 계획표'가 떠올랐다는 사연입니다. 만다라트 표란 오타니 선수가 고등학교 시절 무렵 8구단에서 전부 드래프트 1순위로 발탁되는 꿈을 이루기 위해, 자신이 집중할 8가지 카테고리와 그에 따른 총 64가지의 실천 강령을 세운 표입니다. 그가 적은 8가지 카테고리엔 제구, 구위, 변화구 등 야구 기술을 비롯해 인간성, 멘탈 같은 항목도 있습니다. 하지만 가장 특이한 것은 바로 '운'이라는 항목입니다.

'운'에는 다음과 같은 것들이 적혀 있습니다. 인사하기, 쓰레기 줍기, 물건을 소중히 쓰자, 부실 청소, 책 읽기……. 언뜻 보면 대단한 일이라기보다는 자신의 행동거지와 마음가짐을 단정하게 가다듬기 위한 작은 습관들입니다. 누군가에게는 귀찮은 일, 마음은 먹지만 좀처럼 잘 안 되는 일들입니다. 그런 것들이 누구에게나 있지요. 노력을 기울인다면 좋을 일, 그렇지만 신경 쓰지 않아도 별일 없는 일. 그래서 지나치기 쉽지만, 분명 나를 더 좋은 사람으로 만들어 줄 행동들이요.

'운'이라는 말은 조금은 추상적이지만, 저는 이렇게 생각합니다. 좋은 행동을 할 수 있는 좋은 상태를 만들고 유지하는 것이라고요. 좋은 선택, 좋은 행동은 연쇄적인 것이기 때문입니다. 예를 들면 이불 정리 같은 것입니다. 사소하지만 하고 나면 기분이 맑아집니다. 미소를 띤 얼굴로 아침의 풍경을 맞이할 수 있습니다. 그 산뜻한 느낌을 이어가 기분 좋은 행동을 또 할 수 있게 됩니다. 좋은 행동은 좋은 기회를 가져오기도 합니다. 나아가 좋은 사람을 부르기도 하고요.

그런고로 평소 지독하게도 실천하기 어려웠던 습관을 '운을 모으기 위한 행동'으로 여겨보면 어떨까 하는 생각이 들었습니다. 그래서 요즘 실천하고 있는 습관 중 하나는 물을 자주 마시는 것입니다. 어떤 수를 써도 좀처럼 몸에 배지 않았던 습관이었거든요. 이 작은 행위가 운을 불러온다고 생각하기 시작하니 하지 않고는 배길 수 없게 됩니다. 사무실에서도 집에서도 물을 꿀꺽꿀꺽 마시며 '운이 모이고 있다. 나는 지금 운을 마시고 있다'라고 속으로 중얼거립니다. (실제로 작년 12월에 사주를 보러 갔다가 이런 말을 듣기도 했는데요. "늘 옆에 물을 두고 마시기만 해도 웬만한 건 다 좋아질 거야." 정말일까요?)

노력을 기울인다고 생각하면 귀찮은 법이지만, 운을 모은다고 생각하면 가슴이 부푸는 법입니다. 마치 노력이란 어렸을 때 학습지를 풀던 일과 비슷하고, 운 모으기는 칭찬 스티커를 하나씩 모았던 일 같다고 할까요. 성인이 된 지금은 일일이 칭찬 스티커를 붙이는 일은 하지 않지만, 가슴 속에 거대한 클로버 저금통을 안고 있다고 생각하면 나름 재밌습니다.

어릴 때 즐겨 했던 마리오 게임이 생각납니다. 마리오가 점프해 머리 위의 블록을 두드리면 코인이 찰랑찰랑 떨어지는 게임이요. 일상의 운 모으기란 바로 그러한 게임과 비슷한 것 같습니다.

매일매일을 경쾌하게.
앞으로 나아가며 클로버를 GET!

나를 더 좋은 사람으로 이끌어 줄, 더 좋은 세상으로 가꾸어 나갈 지혜로운 행동들을 조금씩 해 봅니다. 그렇게 꾸준히 가다 보면 나는 어디에 도착하게 될까요?

추신. 마지막으로 본문에서 소개한 일드 <중쇄를 찍자> 속 대사를 전합니다. "좋은 일을 하면 운이 쌓인다. 그런 동화 같은 얘기를 계속해서 지키는 이유는 저울을 한쪽으로 기울이고 싶어서다. 올바른 길을 선택할 수 있도록. 조금이라도 운을 내 편으로 만들 수 있도록."

14 오늘은 소리 없는 날

기분 좋은
것들의
배신.

소리를 끄자. 그런 생각이 든 건 낮에 밥을 먹으면서였습니다. 보던 드라마를 뚝 끄자 눈앞에 탁상과 제가 차린 소박한 밥상만이 보입니다. 갑자기 고요해진 분위기 속에서 아무 일 없었던 것처럼 밥 한 술을 떴습니다. 조금 상쾌하다는 느낌이 들었습니다. 음악이라도 들으려다 이내 관두고는 다시 밥알을 오물오물 씹었습니다. 창밖의 골목에서는 동네 할머니들이 도란거리는 소리가 들리고, 어디선가 새소리도 포로롱 들려왔습니다.

어제 동료와 '스트레스를 어떻게 풀어야 할까?'라는 이야기를 하다가, 제가 스스로 내린 처방은 이러했습니다. 감각을 덜자. 그게 무슨 뜻이냐고요? 흔히 스트레스란 화가 나고 짜증이 난, 이른바 언짢은 감정이라고 생각하곤 합니다. 그래서 '스트레스를 푼다'고 하면, 기분이 좋아질 수 있는 것들을 합니다. 신나는 음악을 듣고, 맛있는 음식을 먹고, 왁자지껄하게 웃긴 영상을 보고, 친구와 술을 먹으러 갑니다. 하지만 기분은 풀렸다고 생각했는데, 마음이 편안해졌는가 하면 여전히 그렇지 않은 느낌만이 남습니다.

스트레스란 무엇일까요? 다름 아닌 자극입니다. 스트레스를 받을 때 느끼는 화나 짜증, 슬픔 따위의 감정만이 아니라 자극의 총체 즉 '정보량'입니다. 우리의 의식 속에 흘러들어오는 모든 정보들인 것이지요. 보는 것, 듣는 것, 먹는 것 모두 우리 뇌가 해석해야 하는 자극들입니다. 우리는 재미있는 영상을 보거나 감미로운 음악을 들으며 힐링을 한다고 생각하지만 실은 우리의 뇌는 그 영상과 음악에서 온 정보를 처리하느라 분주합니다. 나를 기분 좋게 한다고 생각했던 것들이 도리어 피로감을 주고 있는 셈입니다.

밥을 먹을 때도 유튜브를 봅니다. 책을 읽을 때도 음악을 틀어둡니다. 우리는 청각의 공백을 채우기 위해 습관적으로 전자기기를 만집니다. 늘 그래왔기 때문에 별로 의심하지 않습니다. 지금 정말로 음악이 듣고 싶은지 묻지 않습니다. 하지만 때때로 음악을 듣지 않고 산책을 하거나, 오로지 밥만 먹어 보면 느낄 수 있습니다. 심심함은 잠시뿐이며, 의외로 나의 몸은 감각의 공백에 기뻐하고 있다는 것을요.

스트레스를 해소하기 위해선 감각의 더함이 아닌 비움이 필요합니다. 그래서 제가 내리는 처방은 일상의 정보량을 덜어내는 것입니다. 눈에 보이는 것들을 걷어내고, 귀에 들리는 것을 차단합니다. 보던 유튜브나 드라마를 끄고, 밥을 먹을 땐 오로지 밥을 먹는 데만 집중합니다. 밥알이 얼마나 단지, 토마토가 얼마나 싱싱한지, 고기가 얼마나 부드러운지 곱씹으며 느낍니다. 틀어두던 노래를 끄고, 책을 읽을 땐 책을 읽습니다. 단어 하나하나에 주의를 기울이고 풍부한 풍경을 상상합니다. 귀를 쉬게 해 주면 비워 낸 자리로 자연의 명랑한 속삭임이 들려오기 시작합니다.

봄이 온 지도 모르고 있었는데 소리를 끄고 밥을 먹던 낮에 창밖으로 새소리가 들려왔습니다. 계속 유튜브를 틀어 놓았다면 한 철이 가도록 알지 못했으리라 싶어 아찔하고도 반가웠습니다. 오늘은 소리 없는 날입니다.

추신. 저는 종종 휴대폰과 이어폰을 집에 둔 채 빈손으로 산책을 나서곤 합니다. 그렇게 한 시간 남짓 걷다 보면 평소 고민하던 일이나 나중으로 미뤄뒀던 인생의 질문들이 은하수의 별처럼 마음 속으로 쏟아집니다. 그것을 헤아리는 시간이 꽤 즐겁습니다.

15 잘했다, 잘하고 있다, 잘할 거다

잘하고
있다는
말.

낮에 할머니와 전화를 하다 들은 말입니다. "잘하고 있어." 그 순간 고요했던 마음에 작은 돌이 굴러 왔습니다. 몇 초간 수줍은 기분이 들어 아무 대답도 하지 못하다 얼렁뚱땅 전화를 마무리했습니다.

새삼 처음 듣는 말이라는 생각이 들었습니다. 어려서부터 엄마나 아빠로부터 늘 듣던 말은 "잘했다"라는 말입니다. "잘했다"는 말을 들을 때면 어깨가 솟으며 뿌듯했지만 이내 다음 번에도 무언가를 잘 해내서 보여줘야겠다는 야심이 솟구쳐 기쁨을 곱씹을 틈도 없이 온 마음을 다음으로만 계속해서 기울이게 되었습니다.

비슷한 말로 들리지만 왠지 "잘하고 있다"라는 말에서는 그동안 어루만져지지 않았던 저의 다른 마음이 토닥여졌다고 느꼈습니다. 이를테면 "잘했다"라는 말은 내가 이미 해낸 것에 대한 인정입니다. 받아 온 성적이나 상장, 합격, 성취 같은 결과를 두고 할 수 있는 말입니다. 잘한 것이 없는데 잘했다는 말을 할 수는 없으니까요. 하지만 "잘하고 있다"라는 말을 하는 순간에는 그런 것들이 놓여 있지 않습니다. 아직 그런 반짝이는 것들은 오지 않은 상태입니다. 그렇기에 "잘하고 있다"는 말은 내가 해낸 일이 아닌 나 자체에 대한 신뢰와 인정이라는 느낌을 받았습니다.

돌이켜 보면 스스로에게 "잘했다"는 말도 "잘하고 있다"는 말도 좀처럼 하지 않는 것 같습니다. 종종 했던 말이라면 "잘할 거야" 정도일까요. 하지만 "잘할 거야"라는 말에도 내가 긍정하는 미래만이 있습니다. 말하자면 '잘 되었다'고 말할 수 있는 결과값을 이미 마음에 상정해 두고 있다는 뜻입니다. 그렇기에 그 미래에 도달하고 싶어 스스로와 속박과도 같은 약속을 합니다. 그 과정에서 부담이 생겨나고 조급한 마음으로 최선을 쏟기 위해 안달을 냅니다. 하지만 그렇게 해서 잘 해내면 기쁨을 만끽하기보다는 마땅히 해내야 했던 일을 무사히 마쳤다는 정도의 안도만이 잠시 머뭅니다. 그렇게 또 다시 "잘할 거야"라고 다짐하며 앞만 보고 내달리는 것입니다.

응원해야 하는 것은, 과거에 해낸 일도 미래에 해낼 일도 아닌 지금 내가 하는 일입니다. 이미 벌어지거나 미리 기대하는 결과가 아니라 지금 이 순간 눈앞에 마주한 풍경 속으로 한 걸음을 내딛는 나에 대한 긍정이 필요합니다.

지금 내게 보이는 풍경으로도 아름답다는 믿음을 가져야 현재라는 소중한 순간을 그냥 통과해버리지 않을 수 있습니다.

"잘했다"는 과거를 향해 있는 말입니다. 그 말엔 미래가 담겨 있지 않습니다. 앞으로 나아가는 건 오롯이 나의 몫이기에 외롭습니다. 반면 "잘할 거다"는 미래를 향해 있는 말입니다. 그 말은 잘 해낸 미래의 어느 시점으로 날 멋대로 데려다 놓습니다. 그곳에 다다르기 위해서는 긴장을 하고 치밀하게 접근하지 않으면 안 됩니다. 하지만 "잘하고 있다"라는 말은 오직 지금 이 순간을 두고 이야기하는 말입니다. 현재에는 방향만이 존재합니다. 눈부시든 서투르든 당장 지금의 내 모습으로 내디딜 수 있는 걸음이 있습니다. 그 걸음이 옳다고 말해주는 것이야말로 미래를 향해 등을 살포시 떠밀어 주는 일입니다.

삶을 사랑하는 데 필요한 것은 전략 같은 것이 아닙니다. 지금의 내가 하루하루 마주하는 생생한 풍경들입니다. 그 풍경을 놓치지 않고 내가 내딛는 모든 좌표를 소중히 여기며 나아갈 수 있도록 합시다. 또 누군가에게도 그런 말을 해 줄 수 있다면 좋겠습니다. "잘하고 있다"는 말은 그 사람이 과거도 미래도 아닌, 지금 보고 있는 세상을 껴안아 주는 말이니까요. 오늘 할머니의 말은 아주 오랫동안 제 안에 남을 것 같습니다.

추신. 한동안 또 잊고 지내고 있었습니다. 이 글을 퇴고하며 자신에게 속삭여 보았습니다. 잘하고 있어.

16 립밤과 핸드크림의 쓸모

입술을
촉촉하게
합니다.

립밤을 새로 샀습니다. 원래 립밤을 꼼꼼히 챙겨 바르는 편은 아닌데요. 이번에 조금 더 리치한 립밤을 새로 산 까닭은 '촉촉함'에 대한 생각이 들었기 때문입니다.

촉촉하게 하자. 그런 생각이 든 것은 입술만이 아닙니다. 시작은 머리카락이었습니다. 2월 말 일본에 갔을 때, 헤어 제품이 인기 있다는 동료의 말에 돈키호테에서 복숭아 향기가 나는 헤어크림을 하나 샀는데요. 그 후로 머리를 말릴 때마다 발라주니 머릿결이 부드러워지고 퐁실퐁실 윤기가 도는 게 아니겠어요.

한동안 핸드크림을 바르는 데 무심했지만 최근 며칠 동안은 출근길에 꼬박꼬박 발라 보았습니다. 그랬더니 손톱 주변의 거스러미가 차분히 가라앉아, 굳이 손케어를 받지 않아도 될 정도로 손이 촉촉하고 말랑해졌습니다. 핸드크림 향 덕분에 출근길의 풍경마저 한층 화사해졌습니다.

부스스하고 푸석푸석한 것을 보면 아무렇게나 헝클어뜨리고 싶어집니다. 그러나 촉촉하고 생기 있는 것을 보면 툭툭 두드릴 것도 톡톡 두드리게 되고, 아기의 볼을 만지듯이 조심스럽고 섬세하게 다루고 싶어집니다. 나의 손이, 머릿결이, 입술이 그렇게 소중하게 다뤄졌으면 하는 마음이 듭니다. 험한 상태로 두지 않고 윤기를 소중히 지켜나가고 싶다고요. 관리란 무언가 들뜬 것을 얌전히 토닥여 잠재우는 것입니다. 그리고 그 보살핌의 힌트 중 하나는 무언가를 촉촉하게 유지하는 것이라고 생각합니다.

입술을 촉촉하게, 손을 촉촉하게, 눈을 촉촉하게, 피부를 촉촉하게, 머릿결을 촉촉하게. 그렇게 몸의 촉촉함을 지킵니다. 그러기 위해 다양한 물건들로부터 도움을 받습니다. 입술에는 립밤, 눈에는 인공눈물, 얼굴에는 스킨로션 등으로요.

한편 촉촉하게 할 수 있는 것은 몸뿐만이 아닙니다. 마음에도 촉촉함이 필요합니다. 그렇다면 마음의 촉촉함은 어떻게 유지할 수 있을까요? 거스러미처럼 들뜨는 온갖 걱정거리나 욕심을 차분히 가라앉힐 요령이 필요할 것 같습니다. 마음의 촉촉함을 위해선 어떤 물건의 도움이 필요한지 고민해 봐야겠습니다.

추신. 요즘은 자기 전 침대에 눕기 전에 일과처럼 하는 것이 세 가지 있습니다. 립밤을 바르고 눈에 인공눈물을 넣고 온찜질을 하는 것. 아침에 일어나면 입술이 말랑말랑하고 눈도 여전히 촉촉합니다.

17 그날 바로 풀지 않으면

스트레스는
식빵 같은 것.

갓 구워 나온 식빵을 먹어 본 적이 있나요? 입에 넣는 순간 포근한 식감으로 녹아내리는 듯한 식빵 말입니다. 어느 날 문득 그런 생각을 했답니다. 스트레스는 그런 식빵 같은 것이라고요.

갑자기 그 비유를 떠올렸던 것은 어제 고된 하루를 겪었기 때문입니다. 스트레스라고 하면 귀엽게 말해 현대인 곁에 늘 따개비처럼 붙어 함께 지내는 반려 감정이라고는 하지만, 어떤 날은 예상치 못한 사건으로 인해 스트레스 쇼크를 받기도 합니다. 하루종일 꽤애액 소리 지르고 싶은 심정이 되지만 결국 바깥에서 얻어 온 스트레스는 스스로 어깨에 지고 집으로 돌아와야 하는 법입니다.

저의 철칙은 이렇습니다. 스트레스는 자고로 받은 날에 즉시 풀어야 한다는 것입니다. '며칠 버티면 주말이니까 그때 힐링하자' 같은 안일한 생각은 접어둡니다. 오늘 하기로 했던 것들을 제쳐 두고서라도 무조건 그 스트레스를 풀고 잘 것. 그것이 바로 스트레스는 식빵과도 같은 것이라는 말의 숨은 뜻입니다.

빵은 갓 구웠을 때는 말랑말랑하지만 오래 둘수록 딱딱해집니다. 스트레스도 마찬가지입니다. 스트레스를 받은 순간부터 말랑했던 나의 몸과 마음은 변하기 시작합니다. 마치 물방울이 영하의 기온과 만나자마자 표면부터 딱딱하게 얼어 가는 것처럼 스트레스도 서서히 경질화됩니다. 계속 방치해 완전히 딱딱하게 굳어버리면 손쓸 수 없어, 결국 무거운 망치로 힘겹게 내리쳐야만 겨우 산산조각낼 수 있습니다. 그렇게 스트레스를 풀었다고 해도 날카로운 조각이 사방으로 튀어 나도 모르는 사이 마음에도 주변 풍경에도 소중한 사람에게도 상처를 줍니다. 바야흐로 5년 전, 번아웃이 왔을 정도로 긴장과 스트레스가 딱딱하게 쌓였을 때, 가슴 아플 정도로 곱씹었던 소중한 깨달음입니다.

하지만 스트레스가 아직 말랑말랑한 상태라면 어떨까요? 갓 구운 식빵처럼 두 손으로 부드럽게 쭈욱 찢어 포근하게 베어물 수 있습니다. 굳어버리기도 전에 가볍게 삭삭 찢어 튀겨 먹든 접어 먹든 우유에 담가 먹든 하면 그만입니다. 그래서 저는 스트레스를 받은 날이면 짧고 즐거운 '식빵 먹기' 시간을 가집니다. 제가 언제나 공식처럼 준비하는 것은 맥주 한 잔에 맛있는 안주, 힐링되는 드라마나 영화한 편입니다. 그렇게 하고도 아직 졸리지 않으면 일기를 쓰며 오늘 하루 느꼈던 감정들을 차분히 돌아봅니다. 보내기로 했던 메일, 만들기로 했던 콘텐츠 같은 건 눈 딱 감고 내일로 휙 넘겨버리고요.

스트레스는 아직 말랑말랑한 상태일 때 바로 풀어줄 것. 이 메시지만 기억하고 있다면 몸과 마음이 딱딱하게 굳어질 때까지 방치하는 일은 없어집니다. 바로 이전 글에서 말했던 마음을 촉촉하게 하는 요령도 이런 것이 아닐까요? 스트레스를 푸는 나만의 공식이나 리스트를 만들어두어도 좋겠습니다. 제안은 이렇습니다. 1) 돈을 너무 낭비하지 않으면서 2) 타인에게 피해를 주지 않고 3) 오감 중 하나라도 즉시 즐거워지고(예를 들면 맛있는 음식이나, 눈이 즐거운 영화, 포옹이나 목욕 같은 것) 4) 끝이 찜찜하거나 후회되지 않을 만큼만 방탕하게.

추신. 어디선가 고된 하루를 겪었을지도 모르는 분들께 이 글을 바칩니다. 모두 즐겁게 식빵 드시는 시간 되세요.

18 일할 때 필요한 항의의 기술

마음이 좋은
대화를
하는 법.

어떤 일을 해결할 때마다 모든 일은 사람과 마주하는 일이라는 생각을 합니다. 한 사람과 마주하고 소통하고 마음을 전하는 것. 그것을 부단히 연습하는 일이라고요. 예기치 못한 사건과 문제 앞에 당혹스러워도 어쨌든 사람 앞에서는 정직하고 따뜻하자고 마음먹습니다. 그것이 늘 전화의 다이얼을 누르기 전에 잠시 숨 고르며 다짐하는 마음가짐입니다.

이런 이야기를 시작한 건 이번 주에 있었던 사건 때문입니다. <오늘의 기본> 2쇄를 찍었는데 책등이 모조리 불량으로 인쇄된 것입니다. 1000부 가까이 되는 부수를 다시 회수해 작업해야 했습니다. 교환을 요청한 서점, 재고가 보관되어 있는 배본사, 인쇄소까지 소통을 빠르게 마치고 재작업에 들어갔습니다. 그러나 다시 배송된 책을 열어본 순간, 이번에는 재단 실수로 인해 또 몇 백 부나 되는 책에 하자가 생겼다는 것을 발견했습니다. 화도 나고 속상했지만 그 기분을 자꾸 곱씹기보다는 다음 날 인쇄소에 이 상황을 어떻게 전할지 새벽 내내 차분히 고민했습니다.

사람을 대하거나 일을 해결할 때마다 어김없이 떠오르는

첫 회사의 팀장님께서 해 주신 말이 있습니다. "어차피 사람과 대화하는 일이야." 신입이라 긴장한 마음으로 형식적인 메일을 적고서 "이렇게 보내도 될까요?"하며 안절부절못하는 제게 해주셨던 말입니다. 메일도 결국은 사람과 대화하는 일이니 긴장을 덜고 전하고 싶은 말을 조금 더 편안하고 자유롭게 보내도 된다고요. 예전에 읽었던 책에서도 이런 문장이 나옵니다. "모니터 뒤에 사람이 있다." 좋은 인생 선배들로부터 그런 말을 듣고서는 어떤 일을 대할 때 일 너머의 사람을 먼저 떠올리는 습관이 생겼습니다.

사실 저는 전화에 서툰 사람입니다. 어느 정도냐면 중국집에 배달 전화도 잘 못 거는 사람입니다. 당연히 항의 전화 같은 건 해 본 적도 없고요. 하지만 책을 출판하고 나니 모든 일이 사람과 소통해서 해결해야 하는 일 천지입니다. 그중엔 즐거운 대화도 있지만 이번처럼 속상한 기분을 전해야 하는 대화도 생깁니다. 그럴 때마다 저는 벌벌 떠는 아기 토끼 마냥 밤새 작은 심장을 꼼지락거립니다. 하지만 생각합니다. 결국 사람과 대화하는 것이라고요. 손해라든가 거래라든가 하는 다른 것은 생각하지 않고, 일단 연락을 한 이상 그 사람과 좋은 대화를 또 한 건 마무리하는 것을 목표로 삼습니다. 그래서 어떤 형태로든 다음 단계를 기분 좋게 맞이하자고요.

이는 비단 거래처와의 일에만 해당하는 것은 아닙니다. 브랜드에서 일하고 있는 저는 가끔 CS 전화를 받습니다. 브랜드 측의 실수나 착오로 인해 다양한 문의를 주시는 소비자 분들을 만납니다. 불만족스러운 일과 속상한 기분을 전하는 것에도 참 다양한 방식과 사람이 존재한다는 것을 깨닫습니다. 살면서 한 번쯤은 누군가에게 분노와 속상함을 표출해야 하는 일이 생깁니다. 그럴 때 제가 마음속에 되새기는 것은 어떤 대화를 할 것인가입니다. 서로에게 과연 무엇이 남는 대화를 할 것인지요. 대뜸 찾아가서 문을 발로 쾅 찰 것인가, 똑똑 노크할 것인가 하는 것말입니다.

상대를 꾸짖지 말 것. 소통의 물꼬는 여기서부터 시작됩니다. 속상하지만 원망은 빼고 담백하게 전할 것. 희망하는 해결책과 제안을 담백하게 제시할 것. 당신의 도움이 필요하다고 요청하는 것입니다. 요약하면 순서는 다음과 같습니다.

1) [상황] 상황을 객관적으로 전달하기
2) [기분] 그로 인한 감정과 기분을 담백하게 전하기.
3) [제안] 희망하는 대응책과 해결 방식을 제안하기.
4) [감사] 해결된다면 어떤 긍정적인 기분이 들지 알려주기.

사람을 대할 때는 갖출 수 있는 최선의 성실로, 진심 즉 '진짜 마음'을 전하는 것입니다. 이렇게 말하면 상대도 나의 기분 해소에 보탬이 되고 싶어 더욱 마음을 쓰고 싶어지는 법입니다. 그럼에도 불구하고 나아가지 못하는 다음은 홀가분히 떠나보내면 됩니다. 대뜸 화를 내며 상대를 상처 입히려고 하면, 상대 또한 방어적이 되어 서로 감정만 상하고 끝나버립니다. 문제가 해결되고 난 뒤 마주할 수 있는 좋은 풍경을 같이 보지 못하게 되는 것이지요.

다음 날 통화를 마치면서 인쇄소 사장님은 말씀하셨습니다. "이렇게 말씀해 주시니 저희도 마음이 좋네요." 그 말을 들은 저도 해결책을 받아 감사한 마음이 들었습니다. "앞으로도 책이 더 많이 인쇄될 수 있게끔 열심히 할게요"라는 인사로 되돌려 드렸습니다. 분명 껄끄러운 이야기를 주고받았음에도 불구하고 양쪽 다 기분 좋은 상태로 통화를 마무리한 것입니다. 일전에는 브랜드에서 신제품을 제작하며 인쇄에 착오가 생겼던 적이 있습니다. 인쇄소에 담판을 지으러 갔던 동료가 들려주기를, 사장님께서 이렇게 말씀하셨다고 합니다. "무작정 우기면 나도 화났을 텐데, 이렇게 차분하게 설명해 주니 해결해 볼 마음이 생겼다"라고요.

마음이 좋다. 그 상태가 궁극적으로는 어떤 사건을 해결하고 사람과 소통하면서 함께 마주해야 할 기분 좋은 다음이 아닐까요? 기본이란 결국 어떤 것과 어떻게 관계를 맺고 싶은가에 대한 마음의 방향이라고 생각합니다. 그 중심에 '기분 좋음'이 있는 것입니다. 기분 좋게 관계 맺으려면 어떻게 생각하고 행동하면 좋을까. 그 고민을 거듭하는 것으로 우리는 앞으로 얼마나 많은 순간에 서로의 마음에 무엇인가를 남기는 대화를 쌓아갈 수 있을까요?

사건 대신 우선 사람과 마주한다. 어떤 마음을 어떻게 빚어 전하면 좋을까 고민한다. 그런 소중한 소통의 연습을 거듭해 나가는 것. 그것은 비단 하나의 문제 해결을 넘어서 예측 불허한 사건의 총체인 인생을 살아가는 한 사람으로서 진지하게 임해야 할 귀중한 과제라는 생각이 듭니다.

사람과 사건과 세상을 적이 아닌 편으로 만들어 가는 방식입니다.

조만간 중요한 소통을 앞두고 있는 분이 있다면, 이런 마음가짐으로 해 보세요. "또 한 번 다정한 소통을 할 수 있도록 도와주세요."

추신. 얼마 전에 가방을 교환한 적이 있습니다. 가방끈의 이음매가 풀려 툭 끊어졌기 때문입니다. 문의를 남기며 분한 마음을 쏟아내는 대신 얼마나 이 가방을 애정하고 앞으로도 계속 매고 싶은지에 대한 솔직한 마음을 전했습니다. 그 마음을 헤아려 주셨는지 바로 새 제품을 보내주셨습니다. 중요한 것은 함께 마주하고 싶은 좋은 풍경을 나누는 것이 아닐까요?

19   휙휙도 아닌, 척척도 아닌

또박또박
만든
음식이란.

지난 토요일 아침, '작은새'라는 식당에 다녀왔습니다. 참 정겨운 이름입니다. 이곳은 제철 식재료로 매 계절마다 다양한 음식을 만드는 곳입니다. 요리를 만드는 사람은 단 한 명. 수수하고 단정한 모습으로 식재료를 썰고 그릇을 나르고 손님을 안내합니다. 영업시간은 아침 9시부터 낮 3시까지. 딱 필요한 만큼의 식재료를 준비해 하루에 딱 감당할 수 있는 만큼의 메뉴를 만듭니다. 한적한 골목 깊숙한 곳에 자리한 이 식당을 보면 마치 영화 <카모메 식당>이나 드라마 <빵과 수프, 고양이와 함께하는 날>에 나오는 식당이 떠오릅니다.

봄 채소가 조화롭게 어우러진 5월의 야심찬 메뉴인 주먹밥 플레이트를 먹으러 찾아갔지만, 재료가 소진되어 대신 토마토를 곁들인 '봄봄 달래 파스타'를 주문했습니다. 음식이 나오길 기다리는 동안 공간을 찬찬히 둘러보고 이런 생각을 했습니다. '또박또박'이라는 말이 참 잘 어울리는 곳이라고요.

이곳에는 색연필로 손수 음식을 그려 만든 메뉴판, 달마다 제철 음식들이 일러스트로 그려진 달력이 있습니다. 마치 작은 초등학교 교실처럼 앙증맞은 볼거리가 녹아 있습니다. 한쪽에 놓인 수첩에는 그동안 만들어 왔던 음식들이 아카이빙 되어 있는데 그 이름도 '초당옥수수리조또', '포도파스타'처럼 호기심을 자극하는 메뉴로 가득합니다.

계절을 앞서거나 뒤서는 음식들이 아닌, 지금 이 계절에 자연스럽게 수확된 음식을 고른다. 그 음식들로 낼 수 있는 맛있는 한 끼를 내어놓는다. 그렇게 한 사람이 담백하게 들여온 정성과 시간이 고스란히 느껴졌습니다. 저도 몰랐던 새로운 제철 음식들을 하나하나 배울 수 있었습니다.

한 사람이 요리하는 식당이기에 30분 정도의 오랜 기다림이 필요합니다. 하지만 기다리는 내내 흘러드는 싱싱한 제철 식재료들의 냄새, 기름이 보글거리는 소리, 피아노 소곡집이 떠오르는 음악 덕분에 지루할 틈이 없습니다.

이렇게나 시간을 들여 음식을 기다려 본 일이 얼마만인지요. 음식을 만드는 것은 수고로움이 들어가는 일이라는 것을 새삼 깨닫습니다. 그동안 주문한 지 몇 분만에 휙휙 만들어져 나오는 식당의 음식을 먹어 온 덕에 눈앞에 차려진 요리 너머의 시간과 정성을 헤아릴 새 없이 살아온 것 같습니다. 일상 속에서 마땅히 느껴도 좋을 이유 있는 기다림을 체험한 시간이었습니다.

이곳에는 획획도, 척척도 아닌 또박또박 만든 음식이 놓입니다. 획획은 빠르고 날쌥니다. 척척은 힘 있고 시원스럽고요. 그렇다면 또박또박은 어떨까요? 또박또박하다는 것은 청순하고 정직하다는 뜻입니다. 글자를 처음 배운 어린아이가 한 획 한 획 또박또박 적는 글씨처럼, 피아노를 또박또박 치는 것처럼, 여유로운 사람이 발바닥을 땅에 충실히 내딛는 걸음처럼요.

이곳의 음식에는 무엇인가를 새롭게 알아가는 처음의 청순함, 한 사람이 낼 수 있는 자연스러운 속도, 지금 이 순간에 즐길 수 있는 계절의 정직한 맛이 깃들어 있습니다. 소박한 공간과 소리, 맛있는 제철의 맛. 모든 것이 삼삼하고 포근하게 어우러져 마치 한 편의 소곡집을 듣는 듯한 아침 식사였습니다. 조만간 봄이 다 가기 전에 다시 주먹밥 플레이트를 먹으러 찾아가야겠습니다.

세상을 처음 알아가는 아이처럼 지금 이 순간 즐길 수 있는 풍경과 동작들을 휙휙 그리고 척척이 아닌, 또박또박 정직한 속도로 음미해 보면 어떨까요?

추신. 얼마 있지 않아 작은새는 문을 닫았습니다. 추억 속의 공간이 되었지만, 그곳에서 배운 제철 음식을 먹는 즐거움으로 또 다른 작은 식당들을 탐방하고 있습니다.

20   어느 날 지하철에서 들려 온 소리

어떤
목소리를
듣고 있나요?

지하철을 타고 출근하는데 이런 방송이 나왔습니다. "다음 역은 충정로 역입니다. 내리실 문은 왼쪽입니다. 문이 열립니다. 문 닫겠습니다." 평소와 다른 점이 있다면, 여느 때와 같은 녹음된 음성이 아닌, 열차를 운행하는 기관사님의 목소리였다는 점입니다. 다들 고개를 숙이고 휴대폰 화면만 쳐다보고 있는데 저는 괜히 그분의 생김새와 모습을 상상하게 되었습니다. 새삼 사람의 목소리를 들은 게 얼마만인지요. 이런 말은 매일 녹음된 음성으로만 들어왔던 말이 아니던가요.

"행복한 하루 되세요."

그러다 한 역에 이르러서 이런 말이 들려왔습니다. 그 말을 듣는 순간, 어떤 다른 소리가 불현듯 겹쳐졌습니다. 그 정체는 회사 앞 지하철의 개찰구에서 듣는 소리입니다. 제가 출근하는 역은 특히 노인 분들이 많이 이용하는 역인데요. 일반 교통카드가 아닌 노인 분들이 사용하시는 교통카드는 개찰구를 통과하면 "행복하세요"라는 음성이 흘러나옵니다. 노인 분들이 우르르 개찰구를 통과하면 모든 개찰구에서 녹음된 여성의 음성이 "행복하, 행복, 해, 행, 행복하세, 행, 행복, 행복하세요, 행복하세요……." 하며 돌림노래처럼 동시에 쏟아져 나와 기이한 분위기를 자아냅니다. 그 소리를 들으며 항상 느꼈던 위화감의 이유를 비로소 알 것 같았습니다.

행복하라는 말은 마음을 담는 말입니다. 하지만 지하철 개찰구에서 카드를 딱, 찍으면 나오는 음성은 그저 자동으로 흘러나올 뿐입니다. 아무런 마음을 담지 않고 그저 녹음된 말을 반복하는 풍경 속에 과연 어떤 인간다운 온기와 아취가 있을까 하는 생각이 들었던 것입니다.

우리는 평소에 얼마나 자주 녹음된 음성이 아닌 한 사람의 생생한 목소리를 듣고 있을까요? 기술이 발달하면서 사람이 직접 입을 열지 않아도 소통할 수 있는 사회가 되었습니다. 음식점에 가면 "무엇을 주문하시겠습니까?"라는 점원의 말 대신 키오스크의 음성을 듣습니다. "음식 나왔습니다"라는 말도 기계의 음성으로 듣습니다. 문의를 할 때 상담 직원의 목소리가 아닌 ARS의 음성을 듣습니다. 그 덕에 사람과 마주하며 주고받을지도 모를 상처나 부정확한 소통을 예방할 수 있게 된 것은 편리한 일입니다. 하지만 일상에서 마주치는 한 사람 한 사람의 풍요롭고 생생한 목소리를 들을 기회를 박탈당하고 있는 것은 아닌지요.

기계나 녹음된 음성을 듣고 있으면 어느샌가부터 사람이 존재한다는 사실을 잊어버립니다. 키오스크 뒤에서 열심히 음식을 조리해 주는 사람이 있다는 것을 간과해버립니다. 지하철이란 단지 선로를 달리는 고물덩어리가 아니라 승객의 안전을 살피는 사람에 의해 운행되고 있다는 사실을 쉽게 잊습니다. 우리가 잃어버리는 것은 단순히 사람의 목소리만이 아닌지도 모릅니다. 우리 삶을 편리하게 지탱해주는 많은 자동화된 기술들 뒤에 여전히 생생히 작동되고 있는 한 사람 한 사람의 소중한 수고로움까지 바라보지 못하게 되었습니다.

가끔 일본에 갈 때마다 지하철에는 승객의 안전을 위해 일하는 사람이 있다는 것을 다시금 깨닫습니다. 유리창을 통해 열차를 모는 기관사의 뒷모습이 들여다보이고, 매 역마다 기관사의 목소리가 들려오고, 플랫폼에서도 승객을 안내하는 승무원을 볼 수 있기 때문입니다. 그런 순간에 우리가 평소 잊고 있던, 흔히 '아날로그적이다'라고 말하는 그리운 풍경이 있습니다. 바로 투명하게 보여지는 한 사람 한 사람의 성실의 풍경입니다.

사람이 할 수 있는 말은 가급적 사람의 목소리로 들을 수 있어도 좋겠다는 생각이 듭니다. 녹음한 소리 뿐만 아니라 일상 속에서 한 사람 한 사람의 고유한 목소리를 자주 들을 수 있었으면 좋겠다, 타인의 무난하고 사랑스러운 목소리를 더 자주 들을 기회가 생겼으면 좋겠다, 하고 바랍니다. 어쩌면 일상에는 그러한 풍요로움이 필요한 것이 아닐까요?

추신. 제가 다니는 회사의 본사의 다이얼음은 조금 특별합니다. 전화를 걸면 ARS나 AI 음성이 아닌, 대표님이 직접 녹음하신 목소리가 흘러나오거든요. 기업 뒤에 정직한 신념을 가진 한 사람이 있다는 것, 이런 소소한 터치가 인간적인 따뜻함과 신뢰감을 주고 있다고 생각합니다.

21 좋은 경험 뒤에 남겨야 할 것

여운을
음미하는
방법.

추억을 되짚어 보면 유독 여운이 오래 이어지는 경험들이 있습니다. 저에게 있어 가장 여운이 길었던 경험은 3년 전 여름에 엄마아빠와 홀연히 남해로 떠났던 1박의 여행입니다. 고작 하루동안 여름의 풍경에 몸과 마음을 푹 담그고 온 것만으로 다음 계절을 기분 좋게 보낼 수 있었던 기억이 납니다. 또 홀로 떠났던 17일간의 도쿄 여행도 꼽고 싶습니다. 그때의 여운을 벗삼아 한국에서 묵은 것들을 정리하고 다시 새로운 생활로 나아갈 수 있었거든요.

특별한 순간이 지나면 어김없이 평범한 일상이 옵니다. 황홀했던 지난날에 비하면 지루하기 짝이 없는 나날이 이어집니다. 그 야속함을 뒤로하고 우리는 다시 생활 속으로 뚜벅뚜벅 걸어가야 합니다. 하지만 좋은 경험들은 무언가를 선물처럼 툭 떨궈 놓습니다. 그 손짓이 너무도 조용해 자칫 두고 간 줄도 모르고 지나치기 쉽지만 알아채는 순간 깨닫습니다. 그것이 바로 '여운'이라는 것을요. 평범한 일상을 한동안 부드럽게 주물러 주는 것 말입니다.

우리의 생활에는 여운이 결핍되어 있습니다. 도마뱀이 꼬리를 획 자르고 도망가는 것처럼 싹뚝 끝나버리는 즐거움

뿐입니다. SNS로 릴스를 보는 것 같은 것 말입니다. 물론 그보다 알차고 특별한 즐거움도 있습니다. 친구를 만나 커피를 마시는 시간이나 오랜만에 나를 위해 차린 치킨과 맥주 한 상 같은 것, 우연히 발견한 좋은 책, 주말에 보러 간 영화에도 나름의 깊은 감명이 있습니다.

하지만 우리가 잊고 있는 것은 그런 즐거운 순간이 끝나면서 슬쩍 남기고 간 여운이라는 생각이 듭니다. 하나의 소중한 순간을 오래도록 곱씹을 줄 아는 여유와 지구력을 잃어가고 있습니다. 어떤 즐거움이라도 반짝 즐겼다가 금방 다른 즐거움으로 깡충 뛰어갑니다. 하나의 즐거움이 막을 내리면 곧바로 자리에서 엉덩이를 털고 일어납니다. 곧장 다음 만남을 약속하고 다음 책을 찾습니다. 하지만 엔딩크레딧이 다 올라가면 보석 같은 쿠키 영상이 있다는 것을 모르고 있지는 않지요?

어떤 순간들은 너무 좋아서 자주 곁에 두고 싶습니다. 일주일 중에 나흘 내내 친구들과 만나는 약속을 잡기도 합니다. 친구와 만난 날은 평범한 하루보다 살짝 더 특별해 가능한 오래오래 곱씹고 싶습니다. 함께 걸었던 동네의 골목, 먹었던 근사한 음식, 카페의 분위기와 라떼의 맛, 나눴던 이야기……. 이 모든 것을 다음 날에도 다다음날에도 떠올리면서 '그때 그 메뉴 정말 맛있었지', '그때 그 분위기 정말 낭만적이었지', '그때 그 하늘 정말 아름다웠지' 하며 기쁨의 연료로 뭉근히 피워 올리고 싶습니다. 하지만 그런 날이 쉴 틈 없이 계속 이어지면 하나의 추억을 천천히 음미할 여유도 없이 다음 순간, 그 다음 순간으로 마음을 훌쩍 데려다 놓는 것입니다. 한꺼번에 많은 즐거움에 휩쓸리는 동안 각 추억의 유효기간은 짧아져버립니다.

예전에 이런 일기를 쓴 적이 있습니다. "권미와 먹었던 풍기 파스타는 적어도 일주일치는 곱씹어야 했는데, 그 여운이 그 다음날 소민이와 먹었던 한정식에, 또 한정식은 그 다다음날 미나와 은지와 먹은 우육면에 의해 홀연히 사그라들었다. 셋 다 아주 맛있었던 탓에 더욱 곤란하다. 아주 맛있었던 것들, 아주 아름다웠던 곳들, 나눴던 대화들은 다음 날 그 다다음날에도 이어져야 하는데……."

그때 생각했습니다. 근사한 날을 보내면 그 뒤로 며칠은 제법 밍밍한 날들을 보내도 좋겠다고요. 별게 없어서 어제의 것이 생각나고 어제의 기쁨이 그리워지는, 그런 무난하고 무사한 날 말이에요.

좋은 경험 뒤에는 공백을 남겨둡시다. 비단 만남뿐만이 아닙니다. 여행도 책도 영화도 대화도 마찬가지입니다. 하나의 즐거움이 남기고 간 여운을 충분히 곱씹어 봅시다. 다음으로 넘어가는 것은 조금 천천히 하는 것입니다. 어쩌면 도파민 디톡스를 위한 좋은 힌트가 될지도 모릅니다.

추신. 어쩌죠? 어제 영화를 봤는데 오늘도 영화를 한 편 보고 싶습니다. 하지만 역시 며칠 미뤄두겠습니다. 어제 본 영화의 여운을 한동안은 간직하고 싶거든요. 어제 본 영화는 <컨택트(2017)>인데 두 번째 보니 깨닫는 바가 깊어 감회가 새롭습니다.

22 인삿말을 커스텀합니다

감사합니다
라는 말버릇.

지금껏 "감사합니다"라는 말을 너무도 고민 없이 해 온 것 같습니다. 언젠가부터 누군가와 대화를 마무리하는 순간, '아, 방금은 "감사합니다"가 아니었다. 조금 더 다르게 말할 수 있었다'라며 소심한 후회를 하곤 합니다. 저는 타인의 칭찬이나 친절에 금방 기쁜 마음이 되어 자주 "감사합니다" 봇이 되곤 하는데요. 쑥쓰러워 어쩔 줄을 모르겠지만 일단 이 고마운 마음을 서둘러 알게 하고 싶다는 마음에 "감사합니다"라는 말로 함축해 퉁쳐 버립니다. 이런 사람이 저만은 아니겠지요?

우리는 "감사합니다"라는 말을 서슴없이 합니다. 가게에서 나갈 때도 "감사합니다", 무언가를 받았을 때도 "감사합니다", 칭찬을 받았을 때도 "감사합니다", 양보를 받았을 때도 "감사합니다"라고 인사합니다. 하루 중 마주치는 수많은 친절과 도움을 지나치지 않고 바로바로 고마움을 전할 줄 아는 마음은 참 친절합니다. 그런 '입술의 가벼움'은 사람 사이에서든 사회 속에서든 무척 사랑받기도 합니다.

하지만 "감사합니다"라는 말은 너무나 쉽게 고마움을 표현할 수 있는 템플릿 같은 것이기도 합니다. 그러다 보니 때로는 그것 말고 다른 인삿말이 떠오르지 않아서, 또는 수줍어 말주변이 막혀서 "감사합니다"라는 말로 모든 것을 무마한 뒤 대화의 매듭을 가뿐히 지어버리지는 않은가요? 어쨌든 어떤 상황에서도 "감사합니다"라는 말 한 마디면 기분 좋은 마무리를 할 수 있다. 그러한 편리함에 기대어 그동안 우리는 우리말 안의 다양한 인사법을 잊어 왔던 것은 아닐까요?

인사의 기본은 무릇 눈앞의 사람과 사건을 하나씩 마주하는 것입니다. 하루를 보내면서도 고마운 순간은 수없이 맞닥뜨립니다. 감사를 느끼는 마음은 대개 비슷해 어떤 상황에서든 뭉뚱그려 같은 마음이라 느끼기 쉽지만, 실은 매번 단 하나뿐인 고마움입니다. 상황이 다르고 사람이 다르기에 각각 다른 모양의 고마움이 있습니다. 그러니 "감사합니다"라는 말은 매순간 신중하게 빚어내야 하는 하나뿐인 인사인 것입니다. 그 사람에게 딱 맞게 전할 수 있는 인삿말을 고르는 것. 그런 수고로움을 들여 그 상황에 딱 맞는 말을 낚아채고 싶다는 생각이 듭니다.

얼마 전, 통신사로부터 전화를 받은 적이 있습니다. 마지막에 상담원이 내뱉은 인삿말이 기억에 남습니다. "바쁘실 텐데도 전화에 응해주셔서 감사드립니다." 제가 애틋하게 느낀 것은 "감사합니다"라는 말 앞에 붙은 감사함의 이유였습니다. 습관처럼 내뱉는 "감사합니다"가 아니라 이 순간 상대를 똑바로 마주하고 있었다는 증거, 즉 상대의 친절을 언어의 형태로 가공해 감사함의 구체적인 이유를 덧붙이는 사려 깊은 발화 때문이었습니다. 그러한 마음씀, 인삿말에 구태여 붙이는 사족이란 참 다정하지 않은가요?

그후로 저도 '감사합니다'를 덜 말하기 위해, 더 잘 말하기 위해 두 가지 연습을 실천하고 있습니다. 첫 번째는 '감사합니다'하고 무심코 내뱉을 순간에 다채로운 인삿말을 건네보는 것입니다. 쿠키를 받으면 "잘 먹겠습니다"를, 식당에서 나올 때는 "잘 먹었습니다"를, 전시나 상품을 보면 "잘 봤습니다", 귀한 선물을 받으면 "아름답네요", 칭찬을 받으면 "너무 기뻐요"라고 말할 수도 있습니다.

두 번째는 "감사합니다"라는 말 앞에 다정한 사족을 붙이는 것입니다. 말하자면 '감사합니다'의 커스텀 연습입니다. 상대의 어떤 친절이나 호의가 고마웠는지 구체적으로 들려주는 것입니다. "좋은 공간을 마련해 주셔서 감사합니다", "비 오는데 멀리까지 와 주셔서 감사합니다", "잘 어울린다고 말씀해 주셔서 감사합니다". 그렇게 단순하고 평범했던 인삿말에 맥락이 생겨납니다. 감사한 나의 마음을 전하는 데 급급한 게 아닌, 지금 이 순간과 상대에 제대로 집중할 수 있게 됩니다.

그 사람이 보여준 친절의 모양을 당사자도 볼 수 있도록 아름답게 되돌려 준다. 그런 마음이면 충분하다고 생각합니다. "감사합니다"라는 이미 소중한 인삿말에 더 풍부한 이야기를 담아 선물처럼 돌려 주는 것이지요.

추신. 저는 "고맙습니다"라는 말도 자주 쓰려고 노력하고 있습니다. '감사(感謝)'는 한자어지만 고맙다는 말은 우리말이라 왠지 조금 더 정겹고 포근한 느낌이 듭니다.

23   쑥차를 마시기 시작한 이유

내 몸에
맞는 차를
마십니다.

6월에 들어선 이후로 꾸준히 쑥차를 마시고 있습니다. 아침에 일어나면 물을 끓이고, 텀블러에 덜어 여린 쑥잎을 덜어 차를 우립니다. 몽롱한 정신 속에서 고소한 향을 맡고 따뜻한 차를 한 모금 마시면 찻잎이 서서히 가라앉듯 어수선했던 마음도 차분해집니다.

때는 6월 1일. 코엑스의 차 박람회에 갔다가 내 몸에 맞는 차를 상담해 준다는 부스에 홀리듯 들어갔습니다. 따뜻한 보리차를 두어 잔 내어준 명인은 이런저런 질문을 시작하셨습니다. 유달리 몸이 차고 몇 년 동안 불면증이 심한 증상을 일일이 열거하기도 전에, 명인은 다 안다는 듯 저에게 쑥차를 스윽 권해주셨습니다. 몸을 따뜻하게 데워주고 불면에 도움이 된다고요. 특히 여성에게는 생리통을 완화하는 데도 좋다고 하는데요. 자연에서 손수 딴 야생 쑥잎을 우린 차를 앉은 자리에서 세 잔이나 마셨습니다.

그랬더니 금방 놀라운 변화가 일어났습니다. 방금 전까지 차가웠던 손이 따뜻해지더니 에어컨 바람 때문에 조금 추웠던 몸도 서서히 열이 올랐습니다. 따뜻하다 못해 후끈후끈한 느낌마저 들었습니다. 명인은 다 자신에게 맞는 차가 있다면서 요즘 사람들은 너무나도 아무거나 먹고 있어 자신도 모르는 사이에 속을 배리고 있다고 말씀하셨습니다. 쑥차를 한 봉지 사가려는 제게 명인은 이런 처방도 내려주셨습니다. "딱 한 달만 커피를 끊고 쑥차를 꾸준히 마셔 보세요. 저녁에도 한 잔 마시고 잠자리에 들어 보고요."

그런 연유로 티텀블러를 회사에 들고 다니며 낮밤으로 쑥차를 홀짝거리는 요즘입니다. 반 년 전 겨울, 수족냉증에 시달리다 따뜻한 차를 마셔볼까 하고 회사 탕비실에 구비되어 있는 현미녹차와 메밀차를 매일 우려 마신 적이 있습니다. 그런데 알고 보니 두 차는 모두 몸을 차게 하는 차더군요. 그 사실을 알고 왠지 모를 배신감이 들었습니다. 그런가 하면 양배추는 또 어떤가요. 한동안 쌈장과 함께 맛있게 먹었건만 몸을 차게 하는 음식일 뿐더러 소화가 안 되는 사람이 먹으면 위장을 자극할 수도 있다고 합니다.

'아무거나 먹는다'라는 것은, 나를 바라보지 않고 음식만을 바라본다는 것입니다. 우리는 매일 수많은 음식들 속에서 무엇을 먹을지 고릅니다. 맛있는 음식, 몸에 좋다고 하는 음식, 보기에 예쁜 음식, 건강해 보이는 음식, 스트레스

풀어주는 음식. 어떤 음식이 몸에 좋고 나쁜지 대강 알고 있습니다. 매일 그동안 들어온 지식이나 내 안에 쌓인 경험을 바탕으로 무엇을 먹을지 판단하고 고릅니다.

하지만 그러한 익숙한 기호나 정보에 가려져 보고 있지 않는 것이 있습니다. 바로 내 몸입니다. 다른 사람과는 다른 내 몸의 고유한 리듬 말입니다. 만약 내 몸이 실로폰의 소리를 낼 줄 안다면 필요한 것은 캐스터네츠입니다. 기타의 소리를 낸다면 드럼이 필요하고요. 첼로의 소리를 내는 몸이라면 심벌즈가 필요합니다. 과연 내 몸의 리듬에 제대로 귀를 기울이고 있나요?

지금 우리의 식생활은 그저 기분에 따라 캐스터네츠를 쳤다가 드럼을 치고, 심벌즈를 쳤다가 트라이앵글을 치는 모양새입니다. 그렇게 완성한 연주는 불협화음 투성이입니다. 아무거나 먹는 버릇이 든 우리에게 필요한 것은 다름 아닌 합주의 감각입니다. 먼저 내 몸을 들여다보고 내 몸과 궁합을 이루는 음식을 조화롭게 먹습니다. 그렇게 음식이 아닌 나를 먼저 바라보는 식생활이 필요합니다.

음식을 먹는 것의 기본은 '건강하고 맛있는 것을 먹는다'가 아니라 '나에게 가장 자연스러운 궁합을 찾는다' 입니다. 나에게 맞는 음식, 효능, 양 같은 것 말입니다. 나에게 맞는 음식은 어떤 것인지 탐구해 보고 그 음식을 한 달 동안 꾸준히 먹어 보는 건 어떨까요? 내 몸이 어떤 체질인지, 어떤 증상으로 힘든지, 무엇이 결여되어 있는지 살펴 봅시다. 그리고 천천히 지휘를 시작해 보는 것입니다. 과연 한 달 뒤에 어떤 변화가 있을까요?

추신. 한 달 동안 쑥차를 마신 후기를 들려드리자면, 어쩌다 쑥차를 마시지 않았던 날에 유난히 밤잠을 설쳤던 것은 단지 우연일는지요. 참, 지금은 쑥과 당귀와 작약과 대추가 함께 들어간 차를 매일 한두 잔씩 마시고 있습니다.

24 풍요로움의 함정

그릇에
여백을
둡니다.

얼마 전 고즈넉한 분위기의 카페를 다녀왔습니다. 말차 케이크를 주문했더니 숲을 네모낳게 썰어 놓은 듯한 녹색 테린느와 흰 구름 한 조각을 떼온 듯한 하얀 생크림이 놓였습니다. 그 주변으로 그릇의 여백에는 편안한 단조로움과 약간의 긴장이 깃들어 있었습니다.

원래는 먹음직스러운 케이크에만 눈길이 쏠렸을 텐데, 이 플레이팅에서는 그릇의 여백이 함께 돋보였습니다. 테린느와 크림, 그릇이 서로 공존하며 하나의 풍경을 이루고 있었습니다. 이 플레이팅을 잠시 바라보고 있으니 파인다이닝이 떠올랐습니다. 우주선처럼 커다란 그릇에 비해 음식이 중앙에만 조그맣게 놓여 있거나 띄엄띄엄 플레이팅되어 있는 모습이요. 셰프에게는 그릇의 여백까지 디자인의 일부인 것입니다. 음식이 아니라 음식이 놓일 풍경을 함께 설계하는 것이지요. 이런 이야기를 하니 대학 시절 건축 수업에서 배운 것이 떠오릅니다.

건축에는 '솔리드(solid)'와 '보이드(void)'라는 개념이 있습니다. 솔리드란 눈에 보이고 만질 수 있는 덩어리인 벽과 기둥 등을 말하고, 보이드는 솔리드가 있음으로써 생겨

난 여백 즉, 사람과 바람과 소리 등이 통할 수 있는 공간을 뜻합니다. 우리는 솔리드를 만들면 보이드는 절로 생겨나는 것으로 생각할 수 있지만, 실은 보이드를 먼저 설계해야 적절한 위치에 솔리드를 배치할 수 있습니다.

다시 음식 이야기로 돌아와, 우리는 평소 음식의 양에 딱 맞는 크기의 그릇을 준비합니다. 서양의 화려한 브런치를 떠올려 보면 빵과 버터, 샐러드, 콘, 소시지, 과일이 그릇을 꽉 채워 알차게 담겨 있습니다. 공간을 꽉 채우는 것. 그것은 얼핏 풍요로워 보입니다. 음식을 한가득 담은 그릇이나 바구니, 물건이 빼곡히 들어차 있는 진열장은 풍성해 보입니다. 공간의 크기에 물건을 딱 맞게 수납하면 마치 횡재한 것처럼 기쁩니다. 하지만 과연 풍요로운 감정이란 가득 채워진 상태에서 느껴지는 것일까요?

풍요로움은 꽉 채워진 상태가 아니라 여백까지 품을 수 있는 상태를 말합니다. 사물과 여백. 두 영역이 서로의 풍경이 되어주며 조화롭게 공명하는 분위기 속에서 우리는 편안함과 여유로움을 느낍니다. 무엇인가 생겨나거나 더할 수 있는 여지가 남아 있는 공간에서 편안하고 유연한 질서

가 생겨납니다.

이는 비단 그릇 위의 음식만이 아니라, 우리 삶의 모든 영역에서도 마찬가지입니다. 꽉 채우는 수납이 아니라 빈 자리를 넉넉히 남겨두는 수납, 바쁜 일정이 지나면 얼마간은 휴식이 있는 스케줄표, 몰아치는 만남들 사이에 혼자만의 데이트. 솔리드와 보이드가 공존하는 풍경에서 기분 좋은 균형이 생겨납니다. 유심히 챙겨야 하는 것, 소중히 여기고 싶은 것, 중요하고 가치 있는 것만으로 빼곡히 채우기 쉽지만 그것의 존재감을 오롯이 느끼기 위해서는 주변의 빈자리가 필요합니다. 공간이든 시간이든 말입니다.

풍요로움은 필요한 것을 갖추고도 남는 여유에서 옵니다. 그러니 오히려 '보이드'를 먼저 디자인해 봅시다. 나의 생활 속 공간과 시간을 어떻게 하면 채울 수 있는지가 아니라, 비워 둘 자리부터 염두해 보는 것입니다. 내가 느끼고 싶은 여유로움과 집중의 분위기를 먼저 상상하고 필요한 곳에 두고 싶은 것을 적절히 배치합니다.

숲에는 나무만 있지 않습니다. 바람도 불고 새소리도 들리고 햇살도 드리워집니다. 그것들은 만져지지 않지만 숲 안에 분명히 존재합니다. 삶도 그렇습니다. 나무가 아닌 숲을 바라본다는 것은 빈 자리까지 품는 연습입니다.

추신. 디자인에서는 이를 레이아웃이라고도 하지요. 나는 내 생활의 디자이너입니다. 일상 속의 비움과 채움을 조화롭게 배치해 보도록 합시다.

25 유용한 한 철의 물건들

여름을
마중하는
물건들.

제게 첫 장화와 양산이 생겼습니다. 초여름에 친구를 만났다가 "이제 양산은 필수야. 꼭 바깥쪽은 흰색, 안쪽은 검은색인 걸로 사야 해."라는 말을 듣고 접이식 양산을 하나 샀습니다. 또 마침 타이밍 좋게 좋아하는 디자이너가 작업한 레인부츠가 출시되어 처음으로 구비했습니다. 장마와 햇볕을 막아 주는 그 물건들을 줄곧 모른 척 해 왔는데 올해는 여름을 쾌적하게 보낼 수 있을 것 같습니다.

며칠 전에는 무인양품에 들어서니 시원한 여름나기를 위한 다다미 매트와 서큘레이터가 놓여 있었습니다. 그걸 보면서 "아, 여름이구나"하는 설렘을 또 한 번 느꼈습니다. 문득 이런 생각이 들었습니다. 사람들은 은근히 한 철의 물건들로 생활에 대한 애정을 표현하고 있다고요. 여름이 오면 장마와 무더위에 투덜거리면서도 그 성가심을 친절하게 마중 나가고 있다고 말입니다.

그동안 저는 사람들이 장화를 신고 양산을 쓰는 것을 보면서도 시큰둥했습니다. 의외로 그런 데서 조금 둔감해 비에 신발이 젖으면 '젖는구나', 햇빛에 살갗이 따가우면 '참 덥구나' 하고 마는 편이거든요. 하지만 일상에서 마주치는 소소한 성가심을 지나치지 않고 물건들의 도움을 적절히 받는 것은 어쩌면 생활을 향한 또 다른 사랑이 아닌가 하고 생각하게 되었습니다.

1년 중 며칠 신지 않을 장화를 위해 신발장 한 자리를 기꺼이 내어줬다가 비 오는 날이면 기다렸다는 듯 꺼내어 꼬박꼬박 신는 것. 햇빛이 강한 날이면 가방 속에 양산을 꼭 챙기고 외출하는 것. 여름이 오면 냉감 이불로 바꾸고 선풍기를 장만하는 것. 이러한 행위들은 생활에 대한 사랑이 없으면 큰 품이 드는 일입니다. 우리는 생활에 대한 측은지심을 나름 다양한 물건들의 도움을 받아가며 부지런히 보듬어 온 것입니다.

비가 오면 장화를, 해가 쨍쨍한 날에는 양산을 쓸 줄 몰랐던 시절의 저는 물건들이 건네는 도움을 흔쾌히 받을 만한 마음의 여유가 없었던 것 같습니다. 하지만 생활(生活)이란 이름처럼 살아 있는 것입니다. 시시각각 변하는 풍경에 대처하며 주변의 물건들과 교감하는 과정에서 생활을 향한 마음이라는 것이 생겨나고 길들여집니다. 계절이 바뀔 때마다 찾아오는 성가심을 오히려 설레는 마음으로 마중

나갈 수 있게 해 준 것은 의외로 작은 물건들이었던 것입니다.

또 여름입니다. 여러분은 여름을 어떻게 마중 나가고 있나요? 주변을 둘러보면 도움의 손길을 건네고 있는 다정한 한 철의 물건이 있을지 모릅니다.

추신. 마침 오늘은 장마의 시작입니다. 고이 준비해 두었던 장화를 첫 개시했습니다. 다소 무겁지만 귀여운 이 장화와 이제부터 한 철을 함께 지내볼까 합니다.

26 고작 올리브유를 바꾸는 일

조금 더
기분 좋은
식사.

저의 식단은 별일이 없을 땐 닭가슴살 플레이트입니다. 큰 보울에 닭가슴살 한 개와 스크램플 에그 2개, 토마토 다섯 알, 현미밥 반 공기. 그리고 저의 시그니처 샐러드. 시그니처라고 하기엔 부끄러울 정도로 단순한 샐러드의 레시피는 이렇습니다. 양상추에 올리브유 한 스푼.

그 샐러드에 뿌리는 올리브유를 얼마 전에 바꿨습니다. 원래는 집 앞 마트에서 가장 가성비 좋은 올리브유를 구매했는데요. 종종 1+1이라도 하면 횡재한 듯한 기분으로 두 개씩 들고 집으로 돌아오곤 했습니다. 하지만 1+1에 익숙해지다 보니 이벤트를 하지 않을 땐 가격이 턱없이 비싸게 느껴져 '이 정도면 쿠팡에서 더 싼 제품을 찾을 수 있는 거 아니야?' 하는 생각이 문득 들었습니다. 그렇게 쿠팡을 둘러보다가 오히려 '조금 더 좋은 거 써도 좋지 않을까?'라는 욕심이 생겨 훨씬 비싼 엑스트라버진 올리브유를 사게 되었다는 이야기입니다.

두근거리는 첫 개시. 여느 때처럼 양상추 위에 올리브유를 뿌렸습니다. 젓가락으로 휙휙 휘젓고서 한 입 먹은 그 순간 깜짝 놀랐습니다. 입 안에서 양상추 특유의 푸릇푸릇한 향미가 강렬하게 느껴졌기 때문입니다. 씹어 먹을 때마다 올리브유의 고소한 향도 화사하게 번져 기분이 좋았습니다. 메뉴 구성은 달라진 것이 없는데 식사 시간이 뭐랄까 조금 포롱포롱해졌다고 할까요.

'포롱포롱'이란 말의 뜻은 눈빛이 반짝이고 정신이 맑고 또렷한 모양이라고 합니다. 딱 그러한 느낌이었습니다. 고작 올리브유를 바꾼 것뿐인데 평소와 같은 저녁식사가 이렇게 풍요로워지다니요. 새삼 음식을 먹는다는 것은 어떤 것인지 다시 한 번 생각하게 되었습니다.

풍미에 따라 요리의 뉘앙스를 한순간에 고급스럽게 만드는 식재료들이 있습니다. 의외로 우리가 하이라이트라 여기지 않는 음식이 그러합니다. 기름이나 쌀 같은 것 말입니다. 대부분의 사람들은 기름이란 건 팬에 둘러 음식을 볶거나 튀길 수만 있으면 된다고 생각합니다. 쌀은 밥으로 잘 지어지기만 하면 되고요.

하지만 좋은 기름으로 볶은 요리, 좋은 쌀로 지은 밥은 다릅니다. 한 숟갈을 뜰 때마다 기분이 좋고 다 먹은 후에도 은은한 여운이 남습니다. 처음 자취를 할 때 마트에서 파는 가장 저렴한 쌀을 사 먹은 적이 있습니다. 고향에서 올라온 엄마가 밥을 한 술 뜨더니 "이런 쌀은 못 써. 쌀만큼은 좋은 거 먹어" 하더니 몇 주 후 할머니가 직접 농사지은 쌀을 한 포대기 보내주셨습니다.

음식을 먹는다는 것은 재료의 이름을 먹는 것이 아니라 맛을 먹는 것입니다. 어떤 음식을 만드는 데 닭가슴살, 올리브유, 후추가 필요하다고 해서 말 그대로 닭가슴살, 올리브유, 후추를 준비하기만 하면 그것은 레시피적 사고입니다. 재료를 모아 조리할 수만 있으면 된다, 올리브유이기만 하면 뭐든 좋다. 즉, 이름표에만 초점을 두는 것입니다.

하지만 요리를 완성하는 것은 이름표가 아니라 맛입니다. 요리란 맛끼리의 만남입니다. 맛은 제품만 봐서 알 수 없기에 가격표에 쉽게 휩쓸리게 되지만, 각 식재료가 어떤 맛을 가지고 있는지 생생한 관심을 갖는 마음이 필요합니다. 올리브유나 쌀을 조금 더 좋은 것으로 고른다고 해서 크게 돈이 드는 것도 아닙니다.

좋은 연주를 위해서는 단순히 첼로를 치는 사람이 아니라 첼로를 '잘' 치는 사람이 필요합니다. 마찬가지로 좋은 요리를 위해서는 '조금 더 향미 좋은' 식재료가 필요합니다. 때로는 일상 속 작은 풍요로움이라는 것은 이러한 조금 더 좋은 올리브유 같은 것에 있는 것은 아닐까요?

'레시피적 사고'가 아닌 '향미적 사고'를 들여 보세요. 지금 냉장고 속에서 바꿔 볼 수 있는 식재료에는 어떤 것들이 있을까요?

추신. 향미 좋은 식재료란 선물하기에도 좋습니다. 조금 더 고급스러운 올리브유, 최고급 품종의 쌀, 프리미엄 토종꿀, 최고급 연어 같은 것은 평소 내가 사기에는 부담스럽지만 누군가에게 받으면 특별하고 기분 좋은 법입니다.

27 　　형태에 마음을 담는 일

편지를
쓰기 전에
손을 씻습니다.

편지를 쓸 때마다 꼭 하는 습관이 있습니다. 먼저 손을 깨끗이 씻는 것입니다. 흐르는 물에 손을 씻는 동안 가만히 상대를 떠올립니다. 물기를 닦고 책상 앞으로 와 한껏 산뜻해진 손으로 편지지를 가지런히 두고 펜을 잡습니다. 조금 더 향기를 더하고 싶을 땐 핸드크림을 바릅니다. 이런 루틴을 갖게 된 계기는 한 영화를 보고나서였습니다.

영화 <연애소설(2002)>에서 여자주인공은 편지를 쓰기 전에 늘 세면대에서 두 손을 가지런히 모아 둥근 비누를 굴려가며 천천히 손을 씻습니다. 그리고 탁상 앞에 돌아와 편지봉투를 가지런히 접어 직접 찍은 사진을 넣고 풀로 봉합니다. 그 편지를 받은 남자주인공은 코를 킁킁거리며 편지에서 늘 기분 좋은 비누향이 난다고 기뻐합니다.

"왜? 무슨 냄새 나?"
"응. 비누 냄새."

편지에 향기를 실어 보낼 수 있구나. 그런 생각이 든 이후로 편지를 쓰기 전에는 꼭 손을 씻는 습관이 생겼습니다. 손을 닦을 때도 평소보다 더 부드럽게 닦습니다. 이런 동작을 하나하나 치르는 동안 어수선했던 마음이 가라앉아 편지를 쓰기 딱 좋은 차분한 마음가짐이 됩니다. 손에 닿는 편지지의 감촉과 펜을 쥔 손가락의 느낌도 만족스럽습니다. 그렇게 갓 내린 차 같은 맑고 향기로운 마음으로 머릿속에 떠오른 말들을 적어나갈 수 있게 됩니다.

형태에 마음을 담는 거란다.

다도를 다룬 좋아하는 영화 <일일시호일(日日是好日)>에서 이런 말이 나옵니다. 다도를 배우는 수강생인 노리코는 겨우 차 한 잔을 우리는 데 복잡한 절차와 공식을 따라야 하는 것이 불만입니다. 그러한 마음을 읽은 다케타 선생님은 이렇게 말씀하십니다. 먼저 형태를 만들고, 거기에 마음을 담는 것이라고 말입니다.

편지 한 통을 쓰기 전 손을 씻고 향을 더하는 일도 이와 비슷한 일이라는 생각이 듭니다. 거추장스러운 절차를 생략하고도 차를 우릴 수 있습니다. 손을 씻지 않고도 편하게 편지를 쓸 수 있습니다. 하지만 형식을 만들고 하나하나 따르는 과정 속에서 우리는 그에 맞는 마음을 천천히 준비할 수 있게 됩니다.

다도를 할 땐 다완을 손에 쥐고 찻물을 소리 없이 따르고 손수건을 정해진 순서에 따라 접으며 차를 마시는 마음을 준비합니다. 편지를 쓸 땐 손을 깨끗이 씻고 포근한 향기를 더해 소중한 사람에 대한 사랑을 준비합니다. <연애소설> 속 주인공이 비누를 손 안에서 조심히 굴리는 동작은 마치 상대를 향한 자신의 마음을 소중히 어루만지는 것처럼, 흩어져 있던 감정들을 소중히 보듬는 것처럼 느껴집니다. 꾹 짜는 핸드워시가 아닌 부드럽게 굴려야 하는 비누, 그것도 각진 비누가 아닌 둥근 비누로 씻는 모습도 정말 디테일한 연출이라고 생각했습니다.

꼭 편지 쓸 때가 아니더라도 일상에서 반복하는 많은 일에도 나름의 의식을 만들 수 있습니다. 저는 주말마다 <오늘의 기분>을 쓸 때면 마찬가지로 손을 깨끗이 씻고 따뜻한 차를 한 잔 우립니다. 두 다리를 얌전히 땅에 붙이고 바른 자세로 씁니다. 아침에 쓸 때는 세수도 꼭 합니다. 글을 쓸 때 기분 좋은 상태로 있기 위한 소소한 마음가짐입니다. 글을 읽는 사람에겐 보이지 않는 풍경에 불과하지만, 편지에도 향기가 담기듯 글에서도 눈에 보이지 않는 무언가가 분명히 전해지고 있지 않을까요?

편지에 담을 수 있는 것을 생각해 봅니다. 글에 담을 수 있는 것을 생각해 봅니다. 차 한 잔에 담을 수 있는 것을 생각해 봅니다. 여러분은 어떤 형태에 어떤 마음을 담고 있나요?

추신. 다음 일상 속 마음의 형태를 만들어 보세요. 글쓰기 전. 출근 후 10분. 자기 전. 편지 쓰기 전. 친구를 초대할 때. 청소할 때. 요리를 준비할 때. 선물을 포장할 때. 그런 순간들이 전부 명상이 되는 것은 아닐까요?

28 우아한 분위기를 만드는 법

좋은
머릿결을
위한 도구들.

드라마 <안나>에서 이런 대사가 나옵니다. "저는 여유가 있는지 없는지를 판단할 때 머릿결과 구두를 보거든요." 신분을 속이고 기업 총수와 결혼을 준비하는 안나는 상견례가 끝난 후 가짜 대행 알바로 부잣집 부모 역할을 해 준 분들께 돈봉투를 건네며 이렇게 말합니다. "결혼식에서는 두 분이 지금보다는 좀 더 의상과 머리에 신경을 써 주셨으면 합니다." 겉으로 볼 땐 사장님, 사모님처럼 잘 차려입은 듯 보이지만 안나의 눈에는 미처 다듬어지지 않은 머릿결이 눈에 띄었던 것입니다.

부끄럽지만 저도 머리 건강에 크게 신경을 쓰는 사람이 아닙니다. 머리에 들이는 노력이라고는 샴푸와 린스로 머리를 감는 것이 전부였지요. 그러다 지난 겨울, 헤어 스타일을 바꾸러 미용실을 찾았다가 "두피가 많이 안 좋네요"라는 진단을 받고 아차 싶었습니다. 마침 그 무렵 마침 일본 출장을 갔다가 헤어크림과 헤어 밤을 사 온 것을 시작으로 머리 건강을 가꾸는 습관을 길러보기 시작했습니다.

마침 드라마 <안나> 속 대사가 떠올라 오늘은 좋은 머릿결을 위한 저의 루틴과 도구들을 몇 가지 소개합니다.

먼저 빗입니다. 머리를 감기 전, 큼직한 나무 빗으로 두피부터 머리카락까지 빗어줍니다. 꼬인 머리카락을 풀어 주고 두피에 좋은 자극을 준다고 합니다. 저녁에 머리를 감는 저에게는 머릿결을 빗질하는 이 시간이 헝클어진 하루를 가지런히 정돈하는 의식처럼 느껴집니다. 샴푸로 거품을 낸 뒤에는 두피 마사지 브러시로 두피를 꼼꼼하게 긁어 줍니다. 무인양품에서 산 이 브러시는 머리카락이 잘 끼지 않아 편리하고 디자인이 깔끔해 꽤 마음에 듭니다.

최근에는 린스도 바꿨습니다. 원래는 '무조건 극손상케어가 좋은 거 아니야?'라는 생각으로 아무거나 써 왔는데요. 모발 상태에 맞는 린스를 추천해 주는 상품페이지를 보고 다른 걸 사용해 보기로 했습니다. 머리카락 하나는 굵고 튼튼하지만 다소 부시시한 머릿결을 가진 저에겐 오히려 '푸석푸석 건조한 모발'을 위한 제품이 필요할 것 같아 '실키 스무스 케어'라는 것으로 바꿨는데, 그 후 머릿결이 드라마틱하게 부드러워졌답니다.

머리를 말릴 때는 일본에서 사 온 복숭아 향의 헤어크림을 바릅니다. 헤어크림으로 머리카락을 한 번 코팅해 주면 드라이기 열에 의한 손상을 막을 수 있다고 합니다. 머릿결이 한층 차분하고 부드러워질 뿐더러 은은하게 풍기는 복숭아 향에 마음이 몽글몽글해집니다.

마지막으로 외출할 때는 폴리쉬 오일과 헤어 밤을 꼬박꼬박 바르고 있습니다. 폴리쉬 오일은 부스스한 상태의 머리를 마치 갓 감고 나온 것처럼 촉촉하고 윤기 나게 연출해 줍니다. 헤어 밤은 붕 뜬 잔머리를 차분하게 정돈해 줍니다. 정수리에 잔머리가 많으면 인상이 지저분해 보일 수 있는데요. 헤어 밤을 바르면 훨씬 우아하고 단정한 분위기를 갖출 수 있습니다.

세어 보니 반년 동안 머릿결을 좋게 가꾸기 위한 도구가 많이 늘었습니다. 머릿결에 관심을 갖기 시작하면서부터 분위기를 가꾸는 방법을 배워가는 것 같습니다. 스타일이란 겉으로 드러나는 물건, 예를 들면 옷과 가방, 액세서리 같은 것으로 쉽게 표현할 수 있습니다. 하지만 분위기라는 것은 숨어 있는 물건 즉, 생활에서 남몰래 나를 도와주는 물건들로부터 드러나는 것 같습니다. 예를 들면 빗, 샴푸, 헤어 오일 같은 것으로 말입니다.

좋은 머릿결을 만들어 주는 도구들을 사용하면서부터 더욱 여유롭고 우아한 사람이 된 것 같은 느낌이 듭니다. 머릿결도 정성스레 보살피고 있다는 데에서 느껴지는 뿌듯함 덕분일까요. 머리를 단정하게 다듬으니 단정한 옷을 입고 싶어지고, 단정한 몸가짐을 하고 싶어지고, 단아한 미소를 짓고 싶어집니다.

결국 드라마 속 안나는 우아한 스타일을 넘어 우아한 분위기를 갖출 줄 아는 사람을 원했던 것이 아닐까요? 겉으로 보여지는 화려한 물건이 아닌 서랍 안에 숨어 있는 물건들로 우아한 분위기를 가꾸는 연습을 해 봅시다. 그 첫걸음은 작은 빗에서부터 시작될지도 모릅니다. 여러분의 분위기를 돕는 물건들은 무엇인가요?

추신. 향이 좋은 헤어 제품은 낮에도 밤에도 기분이 좋습니다. 저녁에 머리를 말린 후 헤어에센스를 바르면, 자려고 침대에 누웠을 때 향기가 은은하게 맴돌아 마음도 편안해집니다.

29 시간을 감각하는 방법

때로는
아날로그
시계를.

책상에 새로운 물건이 생겼습니다. 정직한 눈금과 숫자에서 따스함이 느껴지는 원목 탁상 시계입니다. 갑자기 '시계를 들여야겠다'라고 생각한 것은 이런 의문이 들었기 때문입니다. '매 순간 시간을 정확하게 읽어야 할까?'

정확한 시간이라는 것은 57분, 12분, 39분과 같은 것입니다. 현대 사회에서 시간은 휴대폰 터치 한 번이면 정확히 읽을 수 있습니다. 그런 편리함을 누리면서도 왠지 모르게 남는 아쉬움이 있습니다. 휴대폰을 지니게 된 후로부터 우리에겐 추상적으로 시간을 감각하는 방법이 사라진 것이 아닌가 하고요.

옛날 사람들은 해의 움직임이나 각도, 빛깔 등을 보며 시간을 읽었습니다. 대략 정오쯤이구나. 해가 서편으로 지는 걸 보니 곧 저녁이 다가오는구나. 어슴프레 여명이 밝아오는 걸 보니 곧 아침이겠구나. 그들이 알았던 것은 대략 아침, 낮, 저녁, 새벽 정도였습니다. 그 후 시계가 발명되었을 때 사람들은 비로소 지금이 3시 경이구나, 11시 반이구나 하고 말할 수 있게 되었고요. 그리고 누구나 휴대폰을 손에 들고 다닐 수 있게 된 지금의 우리는 지금 몇 시 몇 분인지 오차 없이 정확하게 읽을 수 있습니다. (이런 말을 하는 지금 이 순간의 시각은 2시 44분이군요.)

하지만 생각해 봅니다. 일상 속에서 아주 정확한 시간을 알아야 하는 일은 얼마나 될까요? 지각하면 안 되는 중요한 미팅, 회의 시간, 좋아하는 공연의 티켓팅, 버스나 기차 시간, 예매한 영화의 시간 같은 것, 그밖에 특수한 직종에 있지 않고서는 대부분의 경우 '대략 O시쯤', '30분 무렵' 정도만 파악해도 충분합니다. 1분 단위로 쪼개진 시간에 얽매이는 것은 은근히 피로한 일입니다. 그래서 결심했습니다. 때로는 아날로그 시계를 쓰자.

시간이란 것을 너무 뾰족하게 감각하고 싶지 않을 때 아날로그 시계는 도움이 됩니다. 시곗바늘이 가리키는 자리를 대충 읽으면 그만입니다. 2시 55분쯤인가? 곧 3시 40분이네, 라며 조금 더 여유로운 기분이 됩니다. 너무 정확한 시간을 읽어버릇하는 사이에 나도 모르게 1분, 2분 지나는 것에 일일이 마음 졸이며 경직되어 있던 것은 아닌지요.

아날로그 시계의 또 다른 좋은 점은 오롯이 시간만 볼 수 있다는 것입니다. 시간을 확인하려 휴대폰을 켜면 이것저것 눌러보다 어느새 정신 차리고 보면 SNS에 빠져 있습니다. 하지만 탁상 시계나 손목 시계를 보면 깔끔하게 시간만 읽을 수 있습니다. 시간을 읽을 땐, 오롯이 시간을 보여주는 것으로. 그런 단순한 통로 한 가지로 물건과 나의 일상이 담백하게 연결됩니다.

무엇보다 시계가 있는 풍경이란 꽤 아름답지 않은가요? 자명종 알람을 아침 7시 30분쯤에 맞춰 두면 '짜르르릉' 소리로 잠을 깨웁니다. 손을 더듬어 버튼을 눌러 소리를 끕니다. 휴대폰 알람이 울릴 땐 어쩔 수 없이 곧장 휴대폰을 보게 되는데 자명종은 버튼을 누르면 끝입니다. 일어나자마자 휴대폰을 만지지 않으니 맑은 기분으로 하루를 시작하게 됩니다. 또 예의를 갖춰야 하는 자리에서 슬슬 시간을 확인하고 싶을 때, 휴대폰을 꺼내는 모습보다 손목시계를 바라보는 동작은 보기에도 깔끔하고 아름답습니다.

집에 둘 용도로 디지털 시계도 많이 선택하지만, 저는 아날로그 시계에 조금 더 마음이 갑니다. '대략적인 시간을 읽는다'는 관점에서 디지털 시계는 별 도움이 되지 않을뿐

더러 픽셀로 표현된 숫자가 아니라 나의 눈으로 직접 시간의 자리를 바라보고 싶기 때문입니다.

'숫자'가 아닌 '시간의 자리'를 바라봅니다. 57분인가, 58분인가? 눈을 찡그려가며 읽는 대신 산뜻한 느낌으로 '곧 6시가 되는구나' 파악하고 홀가분히 일상으로 돌아갑니다. 너무 정확한 것, 과하게 또렷한 것보다 때로는 대략적인 것 즉, '쯤'이라든가 '곧'이라는 감각이 우리에게 여백과 위로를 주는 것은 아닐까요?

추신. 법정 스님은 <오두막 편지>라는 책에서 아예 시계가 없는 생활을 이야기하기도 하셨습니다. 식사 시간이 되었기 때문에 밥을 먹고 잘 시간이 되어 잠자리에 드는 것이 아니라 배고플 때 밥을 먹고 저녁이 되어 책을 읽다 졸음이 오면 자연스레 잠에 드는, 일일이 시간에 얽매이지 않는 생활의 홀가분함을 말입니다.

30 인연은 얻는 게 아니라 맺는 것

이름을
묻지 않는
모임.

토요일 아침에 Run & Coffee 모임에 다녀왔습니다. 평소 주말이라면 눈도 뜨지 않았을 아침 7시 반, 낯선 사람들과 함께 경복궁을 달렸습니다. 달리기라곤 혼자 한 적 없었기에 처음 본 사람들과 호흡을 맞춰 함께 달린다는 게 무척 설렜습니다. 새로운 인연을 만들 수 있을지도 모른다는 두근거리는 예감도 들었습니다.

더운 여름의 열기 속에 무사히 러닝을 마치고 10명 남짓한 일행들과 카페로 향했습니다. 각자 마시고 싶은 커피를 주문하고 자연스레 대화를 튼 사람들과 삼삼오오 이야기를 나누었습니다. 다 같이 빙 둘러앉는다거나 서로의 이름을 묻는 시간 없이 끼리끼리 대화를 나눌 뿐이었습니다.

"슬슬 마무리해 볼까요?"

2시간 남짓의 Run & Coffee 모임은 그것으로 끝. "반가웠습니다", "안녕히 가세요." 이런 인사들을 하며 각자 제 갈 길로 흩어졌습니다. 서로 SNS 계정을 교환하는 일도 없이, 심지어는 서로의 이름조차도 묻지 않은 채 헤어졌습니다. 좋은 인상과 취미를 가진 이 사람들을 조금 더 알아가고 싶었지만 아쉬움을 뒤로 한 채 저도 버스를 타러 향했습니다. 돌아가는 길의 방향이 같은 분들과 잠시 이야기를 나눴습니다. "실은 저 자기소개도 준비했어요." 한 분이 웃으며 말씀하셨습니다. "빙 둘러앉아 자기소개도 하고 소감 토크도 할 줄 알았거든요", "저도요."

결국 그 분과도 이름도 나누지 못한 채 헤어졌습니다. '아쉬움이 남았던 건 나만이 아니었구나' 그런 생각에 웃음이 나는 한편 '이대로 좋다'라는 홀가분한 마음도 문득 들었습니다.

4년 전, 친구와 함께 떠났던 제주 여행이 떠오릅니다. 우도의 게스트하우스에서 같은 방을 쓰게 된 언니들이 있었습니다. 각자 홀로 떠나 온 여행객들이었지요. 그날 저녁, 공용 공간의 탁자에 둘러앉아 우도 막걸리와 함께 늦은 밤이 지나도록 깊은 수다를 떨었습니다. 처음 본 사람들과 나누는 특유의 간지럽고 화기애애한 대화 속에 분위기가 무르익었습니다.

나름 친밀해졌다고 생각한 친구는 이 인연을 계속 이어가고 싶은 마음에 한 언니에게 연락처를 물어봤다고 합니다. 하지만 그 언니는 여행지에서 만난 사람들과는 되도록 연락처를 나누지 않는다며 정중하게 거절했다고 합니다. 이곳에서의 추억은 이곳에 둠으로써 더욱 특별한 추억으로 남기고 싶다고요. 친구는 그 마음을 알면서도 조금은 서운했다고 합니다.

저에게도 여행지나 한 번의 우연한 만남에서 시작되어 지금까지 이어진 소중한 인연이 있습니다. 반대로 특별한 추억을 나누고서도 별 다른 사이로 더 이어지지 못하고 그쯤에서 마무리된 인연들도 여럿 있지요. 그중엔 아쉽게 돌아선 사람도, 서로 그쯤이 딱 좋다고 생각하여 깔끔하게 헤어진 사람도 있습니다. 하지만 요즘은 그것도 그것대로 좋지 아니한가 하는 마음이 듭니다.

언젠가부디 새로운 만남을 가질 때면 내심 이런 기대를 하게 되었습니다. 어떤 사람을 새로 만나게 될까, 어떤 새로운 인연을 얻게 될까, 하고요.

얻는다.

그러한 기대를 하고 마는 것입니다. 새로운 사람을 만나면 SNS든 전화번호든 인맥이라는 인덱스에 차곡차곡 쌓아야 할 것만 같은 수집욕이 생길 때가 있습니다. 그리고 끝내 어떤 유의미한 '교환'이 일어나지 않았을 땐 속으로 종종 아쉬워하기도 합니다. 저만 그런 것은 아닌 것 같습니다. "어떤 커넥션이 있을 줄 알았는데 아쉽네요"라고 하시던 러닝 모임에서 만났던 분의 말처럼요. 어쩌다 누군가를 만나게 되고 좋은 사람을 알게 되어 더 깊은 인연을 이어가고 싶은 마음은 누구나 똑같습니다. 인연을 '만든다'라거나 '얻는다'는 개념에 익숙해진 까닭이겠지요. 우리는 인맥이 곧 힘인 사회를 살아가니까요. 그러나 인연을 얻지 못한 만남이라고 해서 과연 소득 없는 만남인 걸까요?

'인연(因緣)'이란 '사람들 사이에 이어지는 관계'를 뜻하는 말입니다. 알고 보면 '인'이라는 단어가 '사람 인(人)'이 아니라 '인할 인(因)'입니다. 반면 '인맥(人脈)'이라는 말은 어떨까요? '사람 인(人)'을 씁니다. 여기에 해답이 있습니다. 즉 인맥에 초점을 두면 사람을 새로 얻었는가 아닌가 여부를 따지게 되지만, 진정한 인연을 만든다는 것은 그저 서로 만나게 된 연유나 상황을 소중히 여기는 것입니다.

러닝이라는 공통된 관심사가 있다는 이유 하나만으로 한 날한시에 같은 곳에서 만나 뜻깊은 시간을 보낸 토요일의 모임처럼요.

새로운 사람을 사귀기 위한 만남이 아니라 함께 달리고 마시는 순간에 온전히 몰입하다 때가 되면 홀가분히 헤어지는 만남. 그런 인연도 마찬가지로 소중한 것 아닐까요? 순간뿐이기에 더욱 애틋해지는 인연들이 있습니다. 만약 그때 제주도에서 만났던 언니와 인스타그램을 서로 맞팔했다면, 그래서 인스타 스토리를 통해 매일 같이 사적인 일상을 엿보는 사이가 되었다면 과연 그 한여름밤의 꿈같던 여행의 여운이 지금까지 이어졌을까요.

인연은 꼭 얻어야 하는 것이 아닙니다. 인연을 무리해서 인맥으로 만들지 않아도 괜찮습니다. 인연을 맺는다는 것은 휴대폰 속 연락처 목록으로 소유하는 것이 아니라 그 사람과 나눈 시간 자체를 소중히 음미하는 것입니다. 어떠한 연유로 같은 시간 같은 장소에 모였다 헤어진다. 그러한 만남의 줄거리로서 온전히 애틋하고 특별한 것입니다.

그 사람과 이어나갈 앞으로의 나날이 아니라 지금 함께 바라보고 있는 현재의 풍경에 오롯이 집중해 봐도 좋지 않을까요? 스쳐 지나가더라도 정말 인연이 될 사람과는 장담컨대 언젠가 반드시 또 만나게 된답니다.

추신. 저에게는 우연히 4번을 만나 결국 친해진 언니가 있습니다. 서로 비슷한 것을 좋아해 매번 어딘가를 갈 때마다 자주 마주쳤기 때문이지요. 그런 비슷한 사랑의 방향을 '인(因)'이라고 하는 것이겠지요.

31 올림픽 경기를 보며 느낀 것

시작할 땐
미소를
짓습니다.

어젯밤에 2024 파리 올림픽 여자 체조 도마 결승 경기를 보았습니다. 현란한 몸동작을 선보이는 선수들을 보며 눈이 즐거웠는데요. 경기를 보는데 무척 인상 깊은 순간이 있었습니다.

자신의 차례가 된 선수들은 무척 떨리는 듯한 모습으로 심호흡을 합니다. 하지만 그러다가도 휘슬이 울리면 두 팔을 새처럼 펼치고 환하게 미소를 지으며 힘껏 내달립니다. 순식간에 마무리된 경기는 고작 3초 남짓. 착지에 실수했지만 아쉬운 마음을 감출 새도 없이 2차 시기를 위해 다시 제자리에 섭니다. 얼굴 가득 속상함과 긴장이 서려있지만, 경기가 시작되자 선수는 언제 그랬냐는 듯이 다시 두 팔을 활짝 펼치며 싱긋 웃어 보입니다.

또 그 미소다. 생각했습니다. 일종의 출발을 알리는 의식 같은 것일까요. 저는 어떤 굳센 표정보다 그 부드러운 미소에서 진실된 결의를 엿본 것 같았습니다. 지금부터 선보일 연기에 최선을 다하겠다는 정직한 선언을요.

세계적인 무대에 선 두려움, 완벽하게 마무리짓고 싶다는 부담감, 1차 시기에서 실수를 했다는 속상함 등 여러 감정 속에서 헤매다가도 도움닫기를 시작하는 순간 마음을 고쳐잡고 프로의 자세로 임하는 제스쳐. 이제부터 나의 무대라는 것을 선언하는 그 미소는 정말 아름답고 당당해 보였습니다. 방금 전까지 얼굴에 서려 있던 긴장과 속상함은 온데간데 없어 지켜보는 사람으로서는 안심마저 들 정도였습니다.

시작의 미소. 그러고 보면 저는 살면서 얼마나 그런 미소를 지어본 적이 있었을까요? 무언가에 임하거나 시작하기 전 '이제부터 열심히 해 보자'라는 경쾌하고도 산뜻한 포고를 한 적이 말입니다. 글을 쓰려고 할 땐 무거운 몸을 이끌고 겨우 책상 앞에 앉습니다. 회사에서 회의를 시작할 땐 타이밍을 보다가 '음……. 해 볼까요?'라고 어물쩡하게 운을 뗍니다. 모르는 사람들이 모인 자리에서 자기소개를 할 때면 수줍어서 쭈뼛쭈뼛 말문을 열기도 합니다. 시작의 결의라는 것을 다질 새도 없이 어설프고 경직된 자세 그대로 일은 시작되어 버립니다. 그러다 보면 얼떨결에 헛헛헛, 하는 웃음과 함께 시작해 방심하는 사이 멋쩍게 끝나 버리는 법입니다.

그럴 때마다 어젯밤 여자 체조 도마 경기에서 보았던 선수들의 미소를 떠올려 보기로 합니다. 거창한 것이 아니라 단순한 미소 하나가 마음가짐을 정돈하는 소중한 제스쳐입니다. 미소를 활짝 짓는 그 순간, 왜인지 마음 속에서부터 '이제 돌이킬 수 없다. 시작이다'라는 산뜻한 울림과 함께 기세 좋게 나아갈 수 있게 될 것 같습니다.

일단 출발선에 서서, 미소를 싱긋 지어 봅니다. 성실하고 산뜻한 신호탄을 피우는 가장 기본의 얼굴입니다.

추신. 참, 마무리도 중요합니다. 방금의 연기가 아쉬워도 아랑곳하지 않고 다시 두 팔을 활짝 뻗으며 미소를 지어 보이는 것. 거기까지가 훌륭한 퍼포먼스입니다.

32 마음을 끝까지 따라가는 것

물건을
상냥하게
다룹니다.

8월부터 요가원에 다니기 시작했습니다. 3번째 수련이었던 토요일 아침, 조금 특별한 시간을 가졌습니다. 수련을 시작하기 전, 선생님께서 메모지 두 장과 펜을 나눠 주시면서 자신의 기본에 대하여 적어 보라고 하신 것입니다. 한 장에는 '지금 나의 기본으로 삼고 있는 것', 다른 한 장에는 '지금은 그렇지 못하지만 앞으로 기본으로 삼고 싶은 것'. 나름 <오늘의 기본>을 쓰면서 100편이 넘는 기본을 고민했다고 생각했는데, 첫 번째 질문에 선뜻 답을 적어내기가 어려웠습니다. 하지만 두 번째 질문에는 곧장 답을 쓸 수 있었습니다. 또박또박 적어 본 문장은 이렇습니다.

물건을 조용하고 상냥하게 다루는 것.

그렇지 않아도 요즘 늘 염두에 두고 있던 태도는 다름 아닌 생활의 동작을 부드럽게 하는 것입니다. 저는 종종 물건을 조금 투박하게 다루는 버릇이 있습니다. 냉장고에서 우유를 꺼낸 뒤 문을 쾅 닫고, 방문을 쌩 닫고, 컵을 탁 내려놓고, 노트를 책상 위에 팽 던지곤 합니다. 결코 화가 나 있거나 시간에 쫓기는 것도 아닌데 마음이 도무지 동작의 끝까지 따라가지 못합니다. "마음이 조급해서 그래요." 제 고민을 듣고 동료가 해 준 한 마디입니다. 천천히 해요, 천천히.

물건을 다루는 것은 물건을 집어 들고, 사용하고, 다시 원래대로 놓는 것까지가 온전한 과정입니다. 하지만 종종 마지막 단계가 있다는 것을 잊고 도중에 손을 놓아버립니다. 도중에 제 손에서 벗어난 물건들은 툭 떨어지며 사나운 소리를 냅니다. 매 순간의 조급한 마음이 행동을 사납고 경박하게 만드는 것입니다. 얼마 전부터 그런 행동들이 그동안 타인의 풍경을 날카롭게 만들어 온 것 같아 그만 부끄러운 마음이 들었습니다.

첫 요가 수련 때의 일입니다. 수련을 마치고 사바아사나 자세로 한참을 쉬고 있는데 싱잉볼 소리가 '딩-'하고 들렸습니다. 금방 멈출 줄 알았던 소리는 제가 생각한 것보다도 더 길고 천천히 이어졌습니다. 그러다가 서서히 사그라들며 이내 주변이 고요해졌습니다. 소리의 여운이라는 것을 처음 느낀 순간이었는데요. 저는 그때, 제 마음이 그 소리가 사그라들 때까지 끝까지 따라갔다는 사실을 알아차릴 수 있었습니다.

마음을 끝까지 따라가는 것이구나.

그때 물건을 다루는 방법에 관한 힌트를 얻은 것 같았습니다. 물건을 다룰 땐 끝까지 마음을 챙긴다. 의식을 놓지 말고 따라간다. 그런 마음을 기르기 위해 노력하기로 했습니다. 중간에 자꾸만 풀썩 놓아버리는 물건을, 정확히는 마음을 조심스럽게 소중하게 내려놓습니다. 저는 그러한 노력을 의성어를 부드럽게 만드는 일이라고도 생각합니다.

쌩, 툭, 쾅, 탁, 챙, 팽, 쿵. 물건에 상냥해지지 못할 때, 물건은 이런 소리를 냅니다. 마치 서두르는 마음에 응답이라도 하는 듯 날카롭습니다. 그 소리를 부드럽게 만드는 것, 물건들로부터 상냥한 답장을 듣는 것이 일상 속에서 마음챙김을 할 수 있는 또 하나의 수련이라고 생각합니다.

조금 더 천천히, 조금 더 조용히, 조금 더 가지런히, 조금 더 상냥히. 그리고 조금 더 끝까지. 물건을 내려놓는 마지막 순간까지 마음을 붙잡아 두는 연습을 하려고 합니다.

추신. 수련을 하는 도중에도 선생님은 종종 "마음을 풀썩 내려놓지 마세요"라고 말씀하셨습니다. 힘이 들더라도 끝까지 동작을 유지하고, 돌아올 때도 긴장을 늦추지 않고 서서히 돌아올 것을 강조하셨지요. 방심(放心) 즉, 마음을 놓아버리지 말라는 가르침인 것입니다.

33 주지와 객지 그리고 중간지

이케바나가
알려준
삶의 기본.

지난 연휴에 이케바나 원데이 클래스에 다녀왔습니다. '이케바나(生け花)'란 살아있는 꽃과 식물을 침봉에 꽂아 풍경을 연출하는 일본식 전통 꽃꽂이입니다. 식물이 가진 자연스러운 형태와 여백을 활용해 작은 자연을 만들며 마음을 다스리는 화도(花道)이기도 합니다. 이케바나 특유의 아름답고도 절제된 실루엣과 담백한 분위기가 마음에 들어 언젠가 꼭 배워보고 싶었습니다.

차분하고 고요한 공간에 들어서니 긴 탁상 위에 차와 양갱, 교본이 가지런히 놓여 있었습니다. 테이블 아래에는 오늘 활용해 볼 서너 종류의 식물들이 양동이에 한아름 담겨 있었습니다. 선생님께서는 이케바나에 대한 소개와 명칭 등을 하나씩 설명해 주며, 오늘의 주인공이 될 식물들의 이름과 주지와 객지, 중간지라고 불리는 각 역할들, 역할에 따라 꽂는 방식까지 하나하나 알려 주었습니다.

유려하고 싱그러운 곡선으로 길게 뻗은 용버들, 주황빛 꽃술 주변으로 흰 꽃잎이 수줍게 피어난 에키네시아, 여름의 분위기를 물씬 풍기는 대롱대롱 구슬 같은 꽈리. 각기 다른 모양을 한 식물을 빽빽하게 솟아있는 침봉에 신중하게 하나씩 꽂아야 했습니다. 가위로 줄기를 자르고, 잎을 다듬고, 꽂았다가 굽혀 봤다가 다시 뽑기도 하며 꽤나 고군분투한 시간이었습니다.

이케바나는 처음에 주지와 객지를 세우며 시작합니다. 주지란 화기의 가운데에 우뚝 서서 뼈대가 되어주는 식물입니다. 그렇기에 중심을 잡아줄 수 있도록 충분히 굵고 견고한 줄기를 가진 식물을 골라 높다랗게 꽂습니다. 그리고 객지를 꽂습니다. 객지는 눈앞에서 시선을 사로잡는 역할을 하는 식물로 앞쪽으로 45도 정도 기울입니다. 그 작업이 끝나면 중간지라고 불리는 그 외의 식물들을 비교적 자유롭게 꽂습니다. 다만 중간지를 꽂는 데도 따라야 할 규칙이 몇 가지 있습니다. 요약하자면 이런 것들입니다.

1. 한 곳에서 피어나간 것처럼.
2. 사방으로 과도하게 펼쳐지지 않도록.
3. 꽃이 뒤가 아니라 앞을 보도록.
4. 꽃과 잎이 고개를 떨구지 않고 하늘을 보도록.
5. 줄기와 잎이 복잡하게 얽히지 않도록.
6. 과도한 컨디셔닝(자잘한 잎 등을 쳐내는 것)은 삼갈 것.

저에게는 주지와 객지의 역할, 그리고 중간지를 꽂는 방식이 마치 아름답고 절제된 한 사람의 세계관을 만드는 규칙처럼 다가왔습니다. 화기 안의 작고도 풍성한 세계가 마치 한 사람의 세상이며, 식물을 꽂는 행위는 마치 삶을 정돈하고 바르게 세우는 일 같다고요. 무엇을 가지런히 하고 바로 세울지 섬세하게 고민하는 일이니까요.

굵고 튼튼한 주지는 인생에 비유하자면 삶을 바르게 이끌어 줄 신념 같은 것입니다. 한 사람다움의 축을 결정하는 것 즉, 그 사람의 무게중심입니다. 자신의 신념을 제대로 세운 사람에게서는 주지가 바로 선 이케바나처럼 고고한 안정감이 느껴집니다.

그리고 사람에게는 시선을 확 사로잡을 수 있는 매력도 필요합니다. 그것이 객지입니다. 아름다운 외모일 수도 있고, 상쾌한 미소일 수도 있고, 차분한 말투일 수도 있습니다. 건강한 몸이나 패션 스타일일 수도 있고요. 나를 매력적으로 돋보이게 하는 취미나 취향, 배려 있는 태도도 객지가 될 수 있습니다. 화려하거나 큼지막하지 않아도, 은은하고 수수하게 핀 꽃도 아름답습니다.

나다운 주지와 객지가 제대로 꽂혀 있으면, 중간지는 비교적 자유롭게 심으면 됩니다. 중간지는 일상의 소소한 행동과 생각, 선택 같은 것이라고 생각합니다. 자유롭지만 나라는 한 사람의 뿌리에서 나온 것처럼 일관적이면 좋겠지요. 너무 방탕하게 뻗어나가 타인의 세상을 침범하지 않도록, 뒤돌아 보거나 아래를 보지 않고 늘 당당하게 고개를 들고, 나의 개성이 드러나지 못하게 하는 습관들은 가지치기하지만 너무 과하게 잘라내지는 않을 것.

작업을 마친 후 선생님께서는 피드백을 해 주셨습니다. "선적인 식물들만 있는데 면을 볼 줄도 알아야 해요", "시선이 꽂혀야 할 객지에 눈이 잘 가지 않으니 이 중간지들은 쳐내는 게 어떨까요?", "이 꽈리는 귀엽지만, 뒤의 예쁜 아이를 가리니 과감히 잘라줍시다." 이케바나를 하면서 드러난 소소한 버릇들이 인생을 대하는 태도와도 닮아 있다는 생각이 들었습니다.

아, 과감하지 못하고 몸을 사리는구나.
둘 다 취하고 싶어 욕심 내느라 여백을 두지 못하는구나.

식물들을 가위로 다듬을 때 아기 다루는 듯 조심스럽고 섬세했던 손의 감각이 지금도 남아 있습니다. 나를 이루는 것들도 이런 신중한 태도로 다룰 수 있다면 얼마나 좋을까요? 이케바나를 하듯이 삶의 풍경을 가꾼다. 나라는 사람의 세계에 어떤 것이 어떻게 심겨 있어야 아름다울지 고민해 봅니다.

추신. 일정한 절차와 규칙을 따라 몸과 마음을 정돈하는 예도인 만큼 이케바나에는 따라야 할 규칙들이 있습니다. 하지만 힘 있고 조화로운 풍경을 만들 수 있도록 돕는 간단하고도 상냥한 규칙들입니다. 각자의 삶에서도 그러한 규칙이 있다면 좋겠습니다.

34 눈치채지 못한 오버페이스

가장 편안한
속도를
찾습니다.

최근 들어 러닝에 빠져 밤마다 달리고 있습니다. 한가로이 걷다가 흥이 오르면 멋대로 질주하곤 했던 예전과는 달리, 이제는 제대로 목표 거리도 세우고 페이스와 케이던스라는 것도 확인합니다. 아마추어라곤 하지만 나름 '러너'라는 것이 되어가고 있는 것입니다.

얼마 전에 이야기한 적 있던 Run & Coffee 모임 일화를 기억하시는지요. 그때의 저는 "오늘은 6:30 페이스로 달리고자 하는데, 이보다 더 느린 분 계신가요?"라고 묻는 모임장 러너 분의 질문에 눈만 끔벅거렸습니다. 제가 할 수 있는 반응이라고는 "페이스 같은 걸 한 번도 재 본 적 없는 초보라서요." 하고 멋쩍스레 웃는 것뿐이었지요. 6:30은 6분 30초를 뜻하는 말입니다. 즉, 1km를 6분 30초에 달리는 속도인 것입니다. 630 페이스로 호기롭게 첫 러닝을 시작한 그날, 결국 3.5km 정도쯤 왔을 때 도중에 탈주를 했던 민망하고 쓰린 기억이 있습니다.

저 혼자만의 러닝을 진지하게 시작한 것은 그로부터 2주 정도 지난 뒤입니다. 나이키 런클럽 어플을 처음 깔고 설레는 마음으로 경의선 숲길을 뛰었습니다. 목표로 세운 시간도 페이스도 없었습니다. 일단 나에게 가장 편한 느낌을 주는 속도로 달려 보자는 마음으로 첫걸음을 내디뎠습니다. 나에게 가장 편안한 속도, 우선은 그것을 알아보고 싶었기 때문입니다. 숨이 헐떡이지 않고 코로 편안히 숨을 쉬며 10분이고 20분이고 30분이 되어도 계속 달려 나갈 수 있는 속도. 그렇게 3.5km를 달리고 나서 저만의 페이스를 알게 되었습니다. 딱 7분 30초였습니다.

아, 나의 페이스는 7분 30초구나. 7분 30초 페이스로 3.5km를 달린다. 이것이 저의 새로운 러닝 습관이 되었습니다. 그러던 어느 날, 왜인지 몸이 더 가볍고 기운이 넘쳐 7분 페이스로 달렸습니다. 3.5km를 가볍게 통과하고서도 아직도 힘이 남아 이렇게 된 이상 5km까지 달려보자며 조금 더 전력을 냈습니다. 한껏 뿌듯함에 취해 집으로 돌아왔는데 샤워 후 잠자리에 들 무렵 갑작스레 찾아온 것은 무릎 바깥쪽의 통증이었습니다. 알아보니 러너들에게 자주 찾아온다는 장경인대염이었습니다. 결국 한동안 러닝을 쉴 수밖에 없었습니다.

조금 더 욕심내려다가 일주일을 못 뛰는구나. 낭패감이 들었습니다. 달리고자 하는 만큼 달릴 수 있다고 꼭 나에게 맞는 속도인 것은 아니구나 하는 생각도 들었지요.

혼자 청주로 여행을 갔다가 혼밥을 하던 점심이었습니다. 냄비에서 끓는 전골을 보며 입맛을 다시고 있는데, 문득 어떤 안도감 비슷한 기쁨이 들었습니다. '아, 마음껏 천천히 먹어도 되겠다' 하고요. 회사에서는 늘 동료들의 속도에 맞추고자 허겁지겁 먹어야 했기 때문입니다. 그때 깨달았습니다.

오버페이스였던 것입니다. 평소보다 빠른 속도로 달렸던 저녁도, 매일 동료들을 의식하며 바쁘게 젓가락질을 하던 점심시간도 말입니다. 생각해 보면 오버페이스를 하는 순간들이 참 많습니다. 타인과 어우러져 살다 보면 흔하게 벌어지는 일입니다. 일행들의 먹는 속도에 맞추려고 덩달아 젓가락질이 빨라지고, 피곤해도 정해진 출근 시간에 맞추기 위해 애써 졸린 눈을 뜨며 일어나고, 마감을 지키기 위해 고군분투하며 폭작(爆作)합니다. 서두를 생각이 없었는데 경쟁자를 보면 마음이 조급해져, 계획에도 없던 일을 벌이다가 체력이 동나버립니다. 어쩌면 현대에서 의젓

한 사회인으로 살아간다는 것은, 나의 바깥의 속도에 나의 생각과 행동을 맞추는 감각을 기르는 일인 것 같습니다.

하지만 돌이켜 보면 저는 언제나 한 발짝씩 더딘 사람이었습니다. 고등학생 때는 언제나 친구와 함께 가장 마지막까지 급식실에 남아있을 정도로 천천히 먹는 아이였습니다. 식탁에 가족과 둘러앉아도 마지막에 혼자 남아 반찬을 깨작거립니다. 신발 끈도 아주 느릿느릿 묶어 거북이라는 별명이 생겼던 시절도 있었습니다. 이러한 제 속도를 무시한 채 무리해서 오버페이스로 살아 온 것이 언제부터일까요?

그래서 저에게 러닝이 더 소중하게 다가왔던 것이 아닐까 싶습니다. 일상 속에서 어쩔 수 없이 감내해야 하는 오버페이스의 순간에서 벗어나 오로지 나의 페이스로만 달릴 수 있는 시간인 것입니다. 가장 편안하게 달릴 수 있는 속도. 달리고 있을 때는 그것에만 집중합니다. 몇몇의 러너들이 제 옆을 지나쳐도 신경 쓰이지 않습니다. 저는 저의 속도로 달리고 있기 때문입니다. 러닝이란 땅에 두 발을 내딛는 박자를 메트로놈 삼아 나만의 규칙적인 리듬을 만드는 스포츠입니다.

힘이 넘쳐 평소보다 빠르게 달려질 때는 의식적으로 속도를 줄여 다시 평정한 리듬을 유지합니다. 그러다 굼떠지면 다시 조금 더 기운을 내고요. 하지만 7분 30초 정도의 페이스로 달리면 일일이 의식하지 않아도 너무 빨라지거나 느려지지 않고서 자연스레 일정한 속도로 달려집니다. 달리고자 하는 속도가 아닌, 저절로 달려지는 속도가 내 속도라는 것이겠지요.

우리는 자주 외부의 것들에 속도를 맞춰야 합니다. 그것이 꼭 속상한 일은 아닙니다. 우린 모두 의젓하고 책임감 있는 사회인이 되어야 하기도 하니까요. 하지만 고군분투하는 나날 속에서 어느 순간부터 나에게 가장 편안한 속도를 찾는다는 감각을 잃어버린 것은 아닐까요?

그렇기에 나의 내부의 것들에도 속도를 맞추는 시간을 가질 수 있다면 좋겠습니다. 오늘의 컨디션, 호흡, 근육의 감각, 기분과 감정 같은 것들 말이에요. 저에게 러닝은 저의 외부의 것들이 아니라 내부의 속도를 편안하게 정돈하는 의식이 되어주고 있습니다. 꼭 러닝 뿐이 아니라 글쓰기같이 규칙적인 리듬을 갖고 하는 것들은 그런 일의 일종입니다.

무심코 벌어지는 일상 속 오버페이스의 순간들을 '아차'하고 알아차려 봅시다. 그럴 땐 '오버페이스를 하고 있구나' 받아들이고, 나에게 가장 편안한 속도로 할 수 있는 것을 하는 것입니다. 무엇에 임하더라도 일단 먼저 나에게 가장 편안한 속도를 찾는다는 감각을 잊지 않도록 해 봅시다. 달려나가는 건 그 뒤입니다.

추신. 퇴고를 하는 12월, 저는 어느덧 6분 30초의 페이스로 달려도 가뿐한 정도가 되었습니다. 편안하다고 느낄 때 페이스를 확인해 보면 언제나 그 정도입니다. 편안한 정도라는 것은 꾸준히 자라고 성장하나 봅니다.

35 필요한 것만 남기는 도전

짐 싸기 파티
프로젝트.

지난 수요일 밤, 갑자기 자리를 박차고 일어나 집 안의 물건을 종이봉투에 마구 담기 시작했습니다. 당장 이사라도 가는 사람처럼 말입니다. 야심한 밤, 제가 기행을 벌인 것은 출근길에 읽던 책에서 나온 '짐 싸기 파티'에 도전해 보고 싶어졌기 때문입니다.

넷플릭스 다큐멘터리 <미니멀리즘 : 오늘도 비우는 사람들>은 미니멀리즘을 실천하고 있는 두 남자, 조슈아 필즈 밀번과 라이언 니키디머스의 여정을 그린 비디오입니다. 라이언은 미니멀리즘을 실천한 뒤로 행복해 보이는 오랜 친구 조슈아를 보고 자신도 미니멀리즘에 도전하기로 마음을 먹습니다. 하지만 시간을 들여 천천히 물건을 줄여나가기엔 조급했던 그는 미니멀리즘의 효과를 빠르게 체험하기 위해 재미있는 아이디어를 고안해 냅니다. 그것이 바로 짐 싸기 파티입니다.

당장 내일 이사를 가야 하는 상황이라고 가정하고 집 안의 모든 물건들을 박스에 다 담습니다. 칫솔 등의 욕실용품부터 부엌의 조리도구, 옷과 가방, 작은 소품들까지 남김없이 다 이삿짐 박스에 넣습니다. 그리고는 3주 간 필요한 물건만 그때그때 박스에서 꺼내 사용합니다. 3주가 지나고 나면 사용하지 않은 박스 안의 물건들은 버리거나 기부합니다. 3주가 지난 뒤, 어떻게 되었냐고요? 그의 물건 가운데 무려 80% 이상 박스에 고스란히 남아 있었습니다. 라이언이 말하길, 박스 안에 어떤 물건이 들어있는지조차 기억나지 않았다고 합니다.

작년부터 조금씩 물건을 비워왔던 저는 최근 들어 고착 상태에 있었습니다. 하나만 필요한 것을 알면서도 버리기 아까워서 쟁여둔 물건들, 벌써 몇 년째 거들떠보지도 않았으면서 뉴욕 기념품이라며 모셔둔 가방, 컵을 수집하던 과거의 취미 탓에 찬장 가득 컵들이 진열되어 있었지요. 불필요한 물건을 몇 달간 신나게 버리고 나니, 점차 취향과 욕심, 실용과 추억의 경계에 있는 물건들만이 남았습니다.

마음이 너수선하던 여름도 어느덧 끝자락이니, 슬슬 새로운 출발을 위해서 조금은 특단의 조치를 취하고 싶은 충동이 들었습니다. 그래서 다큐멘터리를 볼 땐 '재밌겠다' 하고만 넘겼던 그 프로젝트를 마침 책에서 다시 본 김에, 이번에야말로 도전해 보기로 마음 먹었습니다.

큼지막한 사이즈의 종이 봉투에 책상 위의 물건들과 부엌의 상부장에 있는 용품들, 영양제, 헤어 용품까지 가능한 만큼 쓸어 담듯 그 안에 넣었습니다. 그러고선 비장한 마음으로 회심의 각오를 다졌습니다. 이제부터 한 달간, 필요한 물건들만 꺼내어 사용하겠다고요.

텅텅 빈 책상과 부엌의 상부장을 보니 일상이 환기된 듯 상쾌한 기분이 들었습니다. 가장 먼저 꺼낸 물건은 이런 것들입니다. 칫솔과 치약, 물통과 물컵, 아이패드와 충전기, 스킨케어 용품, 일기장. 비워진 자리에 하나씩 일상의 물건들이 올라오는 모습은 꽤 흥미로웠습니다. 몇 시간도 채 지나지 않았는데 깨닫는 것들이 몇 가지 있었습니다.

1. 의외로 청소 도구가 빨리 필요해졌습니다.
가구 위의 물건들을 드러내니 그 위에 쌓여 있던 먼지들이 눈에 보이기 시작했습니다. 평소 자주 쓰지도 않던 먼지떨이로 먼지를 털고, 소창 수건으로 책상을 닦느라 분주해졌습니다.

2. 물건 하나하나를 깨끗이 하고 싶어집니다.

눈에 보이는 물건이 몇 없다 보니 물건 하나하나의 존재감이 훨씬 선명해졌습니다. 선택된 물건이라고 생각하니 더욱 애틋해져 깨끗하고 소중히 다루고 싶어집니다.

3. 물건을 쓸 때마다 쓰임을 깊이 의식하게 됩니다.
물을 마셔야 해서 컵을 꺼낸다, 양치를 해야 하니 칫솔을 꺼낸다, 일기를 써야 하니 볼펜을 꺼낸다. 평소에는 별생각 없이 썼던 물건들을 필요에 따라 꺼내어 사용하다 보니 그 물건의 쓰임이 더욱 또렷하게 느껴집니다. 동시에 그 물건의 도움을 받을 수 있다는 사실에 고마운 마음도 생깁니다.

4. 무엇을 사용할지 신중하게 고르게 됩니다.
책상을 닦기 위해 물티슈를 꺼낼 것인지 소창 수건을 꺼낼 것인지 고민하다 소창 수건을 골랐습니다. 소창 수건을 물에 적셔 물기를 짜고 두어 번 가지런히 접어 책상을 닦았습니다. 물티슈로 허겁지겁 닦을 때와는 또다른 기분이었습니다. 또 룸스프레이를 쓰고 싶을 땐, 세 가지 중에 어떤 향을 맡고 싶은지 더욱 신중하게 고르게 되었습니다. 결국 선택한 것은 평소 책상에 가까이 놓여 있어 자주 손을 뻗곤 했던 제품이 아닌, 오히려 방치해 두고 있던 이솝 룸스프레이였습니다.

5. 사용 유무를 다시 한 번 고민하게 됩니다.
종이봉투에 담겨 있는 물건을 찾아 꺼내는 일은 여간 귀찮은 것이 아닙니다. 그렇기에 '꺼낼까?' 싶다가도 정말 필요한 것이 아니면 '에이, 말자' 하고 관두게 됩니다. 물건 더미를 뒤져서라도 꺼내야 할 것과 굳이 수고를 감내하고 싶지 않은 것, 그 구분으로부터 내게 정말로 필요한 것과 아닌 것이 가려졌습니다.

짐 싸기 파티 2일 차. 퇴근 후 집에 돌아오는 길이 무척 설렜습니다. 집에 돌아가는 기분이 아니라 쾌적한 호텔에 가는 듯한 기분이 들었기 때문입니다.

얼마 전 법정 스님의 책을 읽다가 이런 일화를 보았습니다. 아끼며 사용하던 만년필을 여행지에서 우연히 발견해 하나 더 사들였더니 하나만 갖고 있었을 때의 살뜰함이 사라져 버렸다는 이야기입니다. 그렇듯 필요한 것만을 딱 맞게 가지고 있을 때의 알차고 풍족한 기쁨이 집 안에 다시 생겨나는 듯 했습니다. 그 살뜰함이라는 것을 다시금 느끼고 싶다는 생각이 들었습니다.

짐 싸기 파티를 소개한 요즘 읽고 있던 책 <간소한 삶에 관한 작은 책>의 서두는 미켈란젤로의 일화를 인용하며 시작됩니다. 누군가 다비드 상을 어떻게 조각했느냐고 묻자 미켈란젤로는 이렇게 대답합니다. "다비드가 아닌 것을 다 없애고 나니, 다비드가 되었다."

내가 가진 물건들이 나다움을 말해주고 있다고 생각했는데, 어쩌면 오히려 나다움을 가리고 있었을지도 모르겠다는 생각이 들었습니다. 정말 필요한 물건만을 두게 되었을 때 내 방은 과연 어떤 풍경으로 거듭날지 기대가 됩니다.

짐 싸기 파티는 다소 극단적일지도 모르지만 물건을 비울 때 머릿속으로만 필요한지 아닌지 구분짓는 것이 조금 막막했던 분들은 한 번쯤 도전해 보면 어떨까요? 한 달이 지나면 내가 실제로 사용한 것과 아닌 것, 심지어는 있었는지조차 잊어버리게 되는 것까지 투명하게 마주하게 될 것입니다. 그럼 저의 한 달간의 짐 싸기 파티 프로젝트를 응원해 주세요!

추신. 후기입니다. 저 역시 라이언처럼 많은 물건이 한 번도 쓰이지 않고 그대로 남게 되었습니다. 비록 그 물건들을 모조리 처분하는 데는 성공하지 못했지만, 물건을 비울지 말지 망설여질 때 '이거, 종이봉투에 있는지도 몰랐잖아'라는 내 안의 목소리가 들립니다. 그 목소리가 나름 도움이 되어주곤 합니다.

36 접시 위의 옹골찬 세계

한 접시
식사의
미학.

날씨가 화창한 주말 아침에는 왜인지 '한 접시 식사'가 끌립니다. 브런치 플레이트처럼 하나의 접시 위에 샐러드와 과일, 빵과 주먹밥, 나물 등이 어우러진 식사 말입니다. 소박하지만 옹골찬, 한상차림이 아닌 한그릇차림. 주말에는 그런 식사를 찾아 고즈넉한 동네를 두리번거립니다.

지난 주말에는 이틀 내내 동료 정화님과 함께 서울 곳곳을 돌아다녔습니다. 토요일 아침에는 '마다밀'이라는 제철 식당에 방문했습니다. '계절마다 꼭 먹어야 하는 재료로 차린 식사'라는 뜻입니다. 8월의 제철 플레이트를 주문하니 깻잎 페스토 파스타, 맵싸한 꽈리고추가 들어간 타코, 무화과를 총총총 얹은 샐러드, 고소한 오이 주먹밥, 구운 가지 브루스케타, 참나물 치미추리 소스가 버무려진 애호박 스테이크가 나왔습니다. 접시 위에 올라간 메뉴 이름만 나열해도 한 문단이 뚝딱입니다.

한 접시 식사의 매력은 입 안에서 어우러지는 여러 가지 맛과 향의 앙상블을 즐기는 묘미입니다. 주먹밥의 쫄깃한 식감에 빠져 있다가 파스타의 탱글한 식감을 음미하고, 새콤달콤한 과일을 먹었다가 알싸한 타코를 한 입 베어 물고, 깻잎과 참나물의 고소한 향을 느끼다 사워크림과 토마토소스의 이국적인 향에 취합니다. 플레이트가 식탁 위에 서빙되는 순간 마치 놀이동산에 온 듯한 기분으로 접시 위의 음식들 사이를 한바탕 뛰놀고 나면 기분 좋게 기진맥진해집니다. 건강한 식재료에 속이 더부룩하지 않고 식사 후 빈 접시 하나만 덩그러니 놓인 풍경을 보면 뿌듯합니다.

일요일에는 서촌에서 브런치를 먹었습니다. 정화님은 리코타치즈와 베이컨이 올라간 샌드위치 플레이트, 저는 새우와 아보카도가 올라간 샌드위치 플레이트를 먹었습니다. 플레이트 위에는 감자, 샐러드, 아스파라거스, 계란, 버섯, 선드라이 토마토가 있었습니다.

"그러고 보니 우리 오늘도 이런 식사네요."
"오, 그렇네요."
"한 접시 식사 꽤 좋지 않나요?"
"맞아요. 여러 가지를 조금씩 골고루 먹을 수 있다는 게."
"설거지거리도 하나만 나오고요."

사실 한 접시 식사의 미학을 알게 된 것은 한 주 전, 고향 친구 은지의 집에서 밥을 얻어 먹었던 날이었습니다. 은지는 어머니가 만들어 주신 밑반찬으로 한 그릇을 뚝딱 차려 주었습니다. 동그란 접시 하나에 어묵스팸볶음, 미역줄기, 감자채볶음, 애호박무침, 깻잎조림, 마늘쫑. 접시 하나만 써서 야무지게 담아준 그 모습이 정다워서 그 상차림을 오래도록 바라보았습니다. 메뉴는 대여섯 가지나 되는데, 쓰인 그릇은 둥근 접시 단 하나. 이 얼마나 담백하고 쿨한 풍경인지요.

일본의 치히로 상이라는 집밥 인스타그램 계정을 팔로우하고 있는데요. 그녀의 피드 속 한 접시 식사는 매일 구성이 바뀝니다. 밥과 계란말이, 튀김 요리와 상추, 배. 또 어떤 날은 소시지와 토마토, 오이샐러드와 파이. 또 다른 날은 초당옥수수와 연어구이, 버섯무침. 일본의 가정식에서부터 서양의 브런치까지 장르도 각양각색입니다. 그런 치히로 상의 정갈한 상차림을 보면 나는 어떤 재료로 나만의 한 접시 식사를 구성할 수 있을까 상상해 봅니다.

한 접시 식사를 떠올리면 '소담하다'는 느낌이 듭니다. 소담하다는 말은 '생김새가 탐스럽다', '음식이 풍족하여 먹음직스럽다'라는 뜻이 있습니다. 영어로는 'attractive'와 'delicious'. 마음을 끄는 매력이 있고 맛있다는 뜻입니다. 음식도 사람과 같아서 여러 인상을 가집니다. 뚝심 있는 사람은 든든하고, 다채로운 매력이 있는 사람은 지루할 틈이 없습니다. 깊고 진한 여운을 주는 국밥이 전자라면, 한 접시 식사란 후자 같은 요리가 아닐까요?

한가로운 주말에는 한 접시 식사에 도전해 봅시다. 브런치나 제철 요리를 선보이는 식당을 찾아가도 좋고, 장을 봐서 직접 나만의 한 접시 식사를 꾸려봐도 좋습니다. 오롯이 내가 원하는 음식으로 구성한 접시 위의 소담한 세계를 마주해 봅시다.

추신. 한 접시 식사는 아카이빙을 하기에도 딱 좋은 비주얼입니다. 저는 요즘 회사의 식당에서 나오는 점심 식사를 찍고 있습니다. 동그란 접시에 밥, 고기 반찬, 두부 반찬, 시금치 나물, 콩자반, 샐러드, 김치, 국, 과일이 듬뿍 어우러진 한 접시 식사 덕분에 점심 시간이 기다려집니다.

37 잊고 있던 물성의 풍요로움

오늘은
현금
쓰는 날.

다시 현금을 써야겠다. 그렇게 다짐한 것은 이번 달 신용카드의 명세서를 받은 날이었습니다. 여러 경제 유튜브 영상에서 소비 습관을 고치고 싶다면 신용카드를 버리고 현금을 쓰라는 조언을 자주 들었는데요. 신용카드는 돈이 빠져나가는 것이 보이지 않는 탓에 뇌에서 소비를 한다고 인식하지 못하지만, 현금을 쓸 땐 실감이 나기 때문에 지갑을 닫게 된다는 것입니다. 그 말을 믿고 현금 쓰기 챌린지에 도전해 보기로 했습니다.

주말이면 늘 카페를 찾아가 혼자 시간을 보내는 저의 이번 달 챌린지는 커피 값을 중고책을 판 돈으로 해결하는 것입니다. 물건도 비우고 돈도 벌 수 있어 일석이조니까요. 책장을 한바탕 정리해 일곱 권을 팔았더니 수중에 만 팔천 원이 생겼습니다. 오랜만에 느끼는 지폐와 동전의 감촉이었습니다. 모든 게 디지털화된 이후로 지갑에 넣고 다니는 것이라곤 카드뿐이었던 일상에 난데없이 나타난 지폐와 동전은 꽤나 정겹게 느껴졌습니다. 손 안에 쥔 지폐가 무척 소중하게 느껴져 지갑에 넣을 때도 고이 접어 넣게 되었습니다. 그동안 결제가 끝나자마자 카드를 지갑에 무심하게 쑤셔 넣던 감각과는 달랐습니다.

지폐를 접어 넣고 지퍼를 닫는 순간 뿌듯함이 차올랐습니다. 볼록해진 건 지갑인데 마음이 부풀어 오른 느낌이었다고 할까요. 곳간에 쌀을 쌓아둔 것마냥 든든해져 새삼 물성(物性)이 주는 풍요로움을 생각하게 되었습니다.

들고 다녀야 하는 것은 번거롭다. 이러한 생각으로부터 일상의 많은 것이 간소화된 지 10년 이상 흘렀습니다. 지갑에서 두툼한 지폐와 묵직한 동전들은 사라지고 작고 가벼운 카드 한 장이 남았습니다. 그것도 모자라 이제는 휴대폰에 'OO페이'라는 기능으로 담기게 되었습니다. 돈을 벌고 쓰는 감각은 오르락내리락하는 계좌 잔고의 숫자로 느낄 뿐입니다. 종이책은 전자책이 되고 USB는 드라이브가 되고 전화기와 카메라는 휴대폰에 포함된 기능이 되었습니다. 이제 손으로 직접 만지는 것이라고는 네모난 화면이 전부인 일상입니다.

우리는 언젠가부터 물성을 데이터로 대체한 가상의 세계에서 살아가는 데 익숙해졌습니다. 가상의 일들은 나도 모르게 처리됩니다. 결제도 그중 하나입니다. '버튼 밀어 결제하기' 버튼만 누르면, 리더기에 카드 한 장만 꽂으면 돈이 조용히 오고 갑니다. 그 덕에 많은 일이 무척 편리해졌지만 생각해 보면 우리가 의식하지 못하는 사이에 어떤 일이 은밀하게 척척 이루어지고 있다는 것은 사뭇 무서운 일이기도 합니다. 조금만 방심하면 손 쓸 수 없는 지경까지 훅 흘러가버릴지도 모르는 일이니까요.

책을 팔고 현금을 건네 받은 순간, 제가 느꼈던 감정은 다름 아닌 기쁨이었습니다. 돈을 얻어서 기쁜 것이 아니었습니다. 돈을 직접 보고 만지고 지갑에 넣고 꺼내는 생생한 감촉이 반가웠던 것입니다. 돈을 만지고, 세고, 접고, 펴고, 지갑에 가지런히 넣어 두고, 동전을 헤아리고, 찰랑이는 소리를 듣는, 사람의 손에서 손으로 돈을 주고받았던 다양한 동작들이 그리웠던 모양입니다.

돈을 건넴으로써 얻고 싶었던 소중한 가치를 교환한다. 소비라는 것은 그러한 의미입니다. 하지만 카드로 쉽게 쓱 처리하는 시대가 되면서 그 풍요로운 의미가 '결제'라는 짧고 딱딱한 단어 하나로 함축되어 버린 것만 같습니다. 소비라는 행위가 때때로 가져다주는 성실한 사치와 보람까지 카드를 쓱 긁는 찰나만큼이나 금세 휘발되어 온 것 같습니다.

그로부터 며칠 후, 자정이 넘어 일정을 마친 금요일 밤이었습니다. 택시를 탈 수도 있었지만 버스정류장까지 20분을 걸어 왔던 것은, 며칠 전 지갑에 고이 접어 두었던 지폐 만 팔천 원의 감각이 선명히 남아있었기 때문입니다. 공교롭게도 예상 택시비는 딱 만 팔천 원. 여느 때처럼 현금의 존재감을 잊고 있던 시절이라면, 만 팔천 원 정도야 카드로 금세 긁어버렸을 텐데요. 이대로 택시를 타 버린다면 그때 손에 쥐었던 풍요로움을 몽땅 잃어버리는 기분이 들 것 같았달까요.

추석 연휴를 맞아 본가에 내려온 오늘, 몇 년째 묵혀 있던 책을 중고서점에서 또 한 보따리 팔았습니다. 그렇게 얻은 현금은 만 이천 원. 운전기사 역할을 해 준 아빠께 커피 한 잔을 사 드리고, 저도 카페에 와서 이 글을 쓰고 있습니다. 라떼 값으로 딱 6천 원을 건넨 순간의 기쁨이란!

지금 지갑에는 지폐 3천 원과 동전 8백 원, 카페 쿠폰만이 담겨 있습니다. 물성이 지배하는 세상은 조금은 번거롭습니다. 하지만 어떤 것은 편하기 때문에 가벼워지고 소홀히 대하게 됩니다. 어떤 것을 소중히 여기고 가까스로 다루는 감각을 조금은 회복하기 위해서라도 현금을 쓰는 연습을 이어가 볼까 합니다.

추신. 어렸을 때 문구점에서 100원을 떨어뜨리면 얼마나 마음이 속상했던지요. 뽑기통 아래와 불량식품 매대를 애타게 샅샅이 뒤지곤 했습니다. 그때의 간절함이 마냥 '어린아이에게 100원은 큰돈이었으니까'라는 이유뿐이었던 것 같지는 않습니다. 내 손바닥에 만져졌던 동그랗고 미지근한 동전의 존재감만큼 어떤 것이 나의 마음속에서 땡그르르 떨어져 나가는 듯한 느낌이 들었기 때문이 아니었을까요? 눈에 보이니 고작 100원짜리도 소중한 법입니다.

38 풍요로운 과정이 깃든 물건들

아날로그의
소리를
듣습니다.

저에게는 필름카메라가 하나 있습니다. 지난 여름, 당근마켓에서 4만 원에 구매한 미놀타 카메라입니다. 조금은 투박한 생김새지만 볕이 좋은 날이나 어딘가로 훌쩍 떠날 때 늘 어깨에 메는 반려 물건이 되었습니다. 추석 연휴 전에 엄마와 단 둘이 부안 여행에 다녀왔을 때도 동행했습니다.

한적하고 푸르른 내소사의 길을 걸으며 엄마에게 사진을 한 장 찍어달라고 부탁했습니다. "이 버튼을 눌러야 돼" 하며 아는 듯 떠들었지만 실은 엄마에게 더 친숙한 물건일 테지요. 엄마는 능숙하게 카메라를 쥐고 곧게 뻗은 나무 사이에 선 저를 예쁘게 찍어주었습니다.

지르르릉. 또는 고로고로. 아니면 골골골(?). 버튼이 눌리는 순간 필름이 한 컷 감기는 소리가 들렸습니다. 이 까만 물건 안에 풍경 하나를 든든히 잘 보관했다는 실감이 났습니다. 엄마는 "옛날에 찍을 때 나던 소리다" 하며 반가워했습니다. 저도 맞장구를 쳤습니다. "맞아, 나도 그 소리가 좋더라고."

필름카메라 소리에 대한 엄마의 예찬은 다음날 필름을 갈아 끼울 때도 이어졌습니다. 뒷뚜껑을 열어 필름을 장착하고, 필름이 감겨 컷수가 36에서 1로 돌아오는 10초 남짓한 시간. 아주 작은 난쟁이 공장 속 컨베이어 벨트가 돌아가는 듯한 섬세한 소리가 숙소 안을 채웠습니다. 엄마는 침대에 누워 또 한 번 중얼거렸습니다. "옛날에 이런 소리 자주 들었는데……."

그러고 보니 옛날의 물건에는 소리가 있구나. 그런 생각이 들었습니다. 현대의 물건에 비해 손도 많이 가고 기능도 단순한 이 장난감 같은 물건에는 가만 보면 다채롭고 풍성한 멜로디가 있는 것입니다. 레버를 올려 렌즈를 열 때 착, 하는 맑고 세련된 소리, 빨간 버튼을 눌러 렌즈를 바꿀 때 나는 샤릉거리는 소리, 필름을 꺼낼 때 뒷뚜껑이 핑 하고 가볍게 튀어나오는 소리, 아까 묘사한 것처럼 필름을 감을 때 아주 작고 섬세한 컨베이어벨트처럼 고르게 돌아가는 소리…….

아날로그의 소리라고 하니 또 하나의 물건이 떠오릅니다. 제 방에 있는 탁상시계입니다. 자명종 겸 놓아둔 탁상시계는 평소에는 무척 고요합니다. 하지만 가끔씩 냉장고가 멈춘 적막 속에 가만히 있다 보면 어디선가 마치 작은 벌레가 속닥거리는 듯한 소리가 들립니다. 출처를 따라가다 보면 늘 탁상시계가 태연하게 돌아가고 있습니다. 부지런하고 애틋한 소리입니다.

샤프 대신 연필을 쓰는 저는 글씨를 쓸 때 사각거리는 소리를 좋아합니다. 한 획을 종이에 그을 때마다 정직하게 느껴지는 담백한 떨림과 삭 하는 가볍고 경쾌한 소리. 한 글자씩 꼼수 부리지 않고 종이를 채워나간다는 실감이 듭니다. 키보드로 타이핑할 때는 어떤 낱자를 치든 똑같은 소리가 납니다. 하지만 종이 위에 연필로 직접 쓸 땐 ㅇ, ㄹ, ㅂ, ㅅ 등 글자마다 다른 획의 모양과 길이, 그 순간 나의 호흡에 따라 매번 다른 소리가 납니다. 귀 기울이다 보면 어느새 글을 쓰는 동작보다 그 소리를 듣는 것에 마음이 뺏겨, 글을 기록하는 것이 아니라 글자를 끄적이는 행위 자체에 빠져드는 순간도 마주하게 됩니다.

사실 연필 대신 샤프를 쓰면 손도 덜 아프겠지요. 디지털시계를 놓아두면 시침 소리를 듣지 않고도 1분 단위로 정확한 시간을 알 수 있고요. 디지털카메라를 쓰면 필름값과 스캔값을 아낄 수 있는데다가 36장을 다 찍을 때까지 기다리지 않아도 됩니다. 매끄럽고 날렵하며, 조용하고 부드럽고, 가볍고 신속합니다. 하지만 그런 도구로는 때때로 쓰는지 갈기는지 모르는 사이에 글이 쓰여지고, 바늘이 움직이는지 멈추는지도 모르는 사이에 시간이 훌쩍 가 있고, 풍경을 고이 담는지 쓸어 담는지 모르는 사이에 수백 장의 사진이 앨범에 담깁니다. 그런 일은 어딘가 '텅 빈 풍요'처럼 느껴집니다.

현대의 물건들은 과하게 고요하고 부드럽다. 그런 생각이 듭니다. 무릇 소리의 존재는 어떤 행위의 과정이 마치 슬로우 모션으로 보이듯 아주 천천히 그리고 투명하게 느껴지도록 합니다. 연필을 쥘 땐 손의 힘을 섬세하게 조절하고 종이와 흑연이 만나는 감촉을 느끼고 글자를 한 글자씩 새겨나가는 감각을 느낍니다. 필름을 사고 패키지를 뜯고 카메라에 장착하고 36컷에 걸쳐 풍경을 소중히 수집합니다. 카메라의 내부 모습이나 필름에 상이 맺히고 한 컷씩 넘어가는 과정을 눈으로 볼 수는 없어도 필름이 감기는 소리를 통해 귀로, 손으로, 마음으로 느끼고 상상할 수 있습니다.

지금 쓰고 있구나.

지금 찍고 있구나.

지금 듣고 있구나.

필름이 데굴데굴 감기고 있구나.

시곗바늘이 똑딱똑딱 움직이고 있구나.

말하자면 무언가가 이루어지는 과정에 대한 실감이 현대 사회의 일상에는 부족해진 것입니다. 사진 한 장을 찍기 위해선 휴대폰을 두 번 정도만 터치하면 됩니다. 음악을 들을 땐 어플로 좋아하는 노래를 누르면 바로 재생됩니다. 어떤 행위를 경험하는 동안 우리가 실제로 감각한 것이라곤 엄지손가락에 와닿는 스크린의 매끄러운 감촉뿐입니다. 어떤 과정을 통해 사진이 찍히고 음악이 재생되는지 실감할 틈 없이 모든 것이 순식간에 이루어져버립니다. 이른바 과정의 상실을 겪고 있는 것입니다.

본래 물건 하나를 다루는 데는 꽤 다채로운 동작들이 필요합니다. 꺼내고 누르고 밀고 올리고 얹고 열고 돌리고……. 필름 현상소처럼 어딘가를 직접 시간을 들여 다녀와야 하기도 합니다. 동작들이 단순화되고 사라질수록 그 물건과 교감할 수 있는 풍요로운 경험도 하나하나 잃어가는 것이 아닐까요?

과정이 풍부한 물건을 사용하면 모종의 마음챙김도 할 수도 있습니다. 실제로 명상 방법 중에는 소리를 듣는 종류가 있다고 하지요. 모든 것이 너무도 자동으로 처리되는 일상을 조금은 경계해 봅시다. 풍요로운 과정을 상기시키는 사물들의 멜로디를 들어보는 것입니다. 책장을 사라락 넘기는 소리, 글자를 끄적이는 소리, 뚜껑을 여닫는 소리. 그 은밀한 소리들의 거처는 의외로 평범한 물건들일지도 모릅니다.

추신. 지금 책을 읽고 있는 여러분, 종이자락을 한 번 사라락 넘겨 보세요. 연필이 있다면 마음에 드는 문장을 그어 보세요. 그 소리를 잠시 귀 기울여 들어 봅시다.

39 앉은가짐에 대하여

생각이 많을 땐,
배꼽을 앞으로.

배꼽. 오랜만에 이 단어를 들었던 것은 여름에 한창 빠져 있던 만화책에서였습니다. 개구지고 순진한 다섯 명의 남자 고등학생 친구들이 나오는 만화입니다. 하루는 부활동으로 다도를 하고 있는 두 소년, 슈운과 유타가 화과자에 눈을 반짝거리는 나머지 친구들을 방과 후 다도 수업에 초대합니다. 차분하고 조그마한 다실에 쪼르르 찾아 와 앉은 친구들에게 슈운은 말합니다. "먼저, 기본적인 앉는 방식부터 가르쳐 줄게."

하지만 얼른 화과자를 맛보고 싶은 친구들에게 격식 따위는 따분합니다. "에이~ 앉는 방식이 뭐가 중요해?"라고 잔뜩 투덜거릴 뿐입니다. 그렇지만 슈운은 아랑곳하지 않고 다시 한 번 단호하고 상냥한 목소리로 말합니다. "안 돼. 일어서고 앉을 때의 아름다운 행동거지도 다도의 중요한 요소 중 하나야." 그러면서 먼저 시범을 보입니다. "자, 이렇게 배꼽을 앞으로 쑥 내밀듯이 등을 꼿꼿하게 펴고 앉으세요."

"됐다니까 그러네."
"자세가 아름다워야 훨씬 멋있어."

"흥, 자세 하나로 멋있어지면 누군들 안 하냐!"

계속 실랑이를 벌이던 친구들은 옆에서 등을 꼿꼿이 펴고 의젓하게 앉은 유타를 보게 됩니다. 바른 자세가 정말로 멋있고 아름답다는 걸 느끼고서야 하나둘씩 본인의 자세를 바로잡기 시작합니다. "야, 배꼽이 어쨌다고? 앞으로 튀어나오면 멋있댔지?!"

철없는 친구들의 모습에 웃음이 나오면서도 그들의 마음을 알 것 같기도 합니다. 차를 마시려는데 난데없이 앉는 자세부터 바로잡으라니 말입니다. 제가 좋아하는 영화 중에 다도를 다룬 <일일시호일>이라는 영화에서도 비슷한 일화가 나옵니다. 부모님이 등을 떠밀어 다도를 배우게 된 노리코는 처음에는 고작 차를 한 잔 마시는데 왜 이렇게 번거로운 격식이 많은지 의문이 가득합니다. 오랫동안 쭈그려 앉아야 하는 탓에 다리까지 저립니다.

하지만 다도라는 것은 차를 마시는 것을 넘어 몸과 마음을 가다듬는 의식입니다. 화경정숙(和敬清寂). 다도의 정신을 집약한 말로, '사람을 공경하여 온화하고 조용한 마음으로 다도에 임한다'는 뜻입니다. 그렇게 생각하면 바른 자세를 갖추는 까닭이 이해되기 시작합니다. 바른 자세를 유지하려면 평소와는 달리 긴장이 들어가게 됩니다. 의식하지 않으면 나도 모르는 사이 다시 흐트러지게 되지요. 일부러 조금은 불편하게 느껴지는 자세를 취해 부러 의식하지 않으면 유지되지 않는, 그래서 계속 집중할 수밖에 없도록 하는 마음의 상태를 만드는 것입니다. 그렇기에 다도를 하기 앞서 앉은 자세부터 바로잡는 것은 '지금 이 순간에 마음을 의식적으로 두겠다'라는 경건한 다짐인 동시에 마음을 쏟고자 하는 대상이나 순간을 향한 예의바른 몸가짐인 것입니다.

몸가짐. 사전의 뜻에 의하면 '몸을 거두는 일'이라고 합니다. 거둔다는 것은 벌여놓은 것들을 정리하는 것, 흩어져 있던 것들을 한데 모은다는 의미입니다. 다시 말해 '정갈한 집중'입니다. 매 순간 어떤 자세로 있을 것인지 정하는 것으로 우리는 흩어진 마음을 한데 모으는 연습을 할 수 있습니다. 앉은 자세를 넘어 '앉은 가짐'이 필요한 순간도 종종 있는 법이니까요.

문득 일본 드라마 <츠바키 문구점>에서 주인공 포포가 편지를 대필하기 전, 붓을 잡고 경건히 자세를 바르게 가다듬곤 했던 모습이 떠오릅니다. 그 또한 흩어져 있던 마음을 잠시 이 순간을 위해 정숙히 놓아두겠다는 의미겠지요. 어떤 일을 시작할 준비가 이제 갖춰졌다는 뜻입니다. 바르게 앉는 것으로 시작되는 것들도 있습니다. 땅! 소리가 울리는 즉시 땅을 박차고 뛰어나가는 듯한 역동은 없지만, 고요하고 산뜻한 출발의 신호탄입니다. 그러기 위해 일상 속에선 때때로 여러 '가짐'들이 필요합니다.

듣는 가짐.
쓰는 가짐. (Write도 되고 Use도 되겠군요)
읽는 가짐.
입는 가짐.

일상 속에서 평범하게 하는 동작들에 '-가짐'이라는 어미를 붙이는 것만으로도 무게감이 다르게 다가옵니다. '-가짐'이라는 단어는 의식적인 집중을 물리적인 형태로 보여주는 말이 아닌가 싶습니다.

배꼽 하니 생각나는 다른 이야기가 있습니다. 박연준 시인의 산문집 <소란>에 나오는 말입니다. '나는 꼭지가 있는 것들을 사랑한다'라고 하면서 이런 문장을 덧붙입니다. '꼭지는 존재의 안으로 들어갈 수 있는 손잡이이자, 문장을 닫는 마침표다.' 그리고 우리 몸의 꼭지 중 하나, 바로 배꼽에 관해서도 읊습니다. 시인의 그런 문장을 읽으니 몸의 중심에 있는 은밀한 부위, 근원과의 연결을 간직한 배꼽을 상대를 향해 내보인다는 것은 곧은 마음을 보여주는 자세인 것 같은 기분이 듭니다.

다시 만화의 이야기입니다. 건방지고 떠들썩한 친구들이 먼저 하교하고, 차분한 정적이 내려앉은 다실에는 다시 슈운과 유타만이 남습니다. 유타는 친구들에게 차를 내어주느라 정작 다도를 즐기지 못한 슈운에게 차를 내려줍니다. 다도에서는 차를 내어주는 사람이 이렇게 묻습니다. "느낌은 괜찮습니까?" 그러면 마시는 사람은 "매우 괜찮습니다"라고 응하는 것이 예입니다. 하지만 고등학교 3학년인 슈운은 아까부터 진로에 대한 걱정으로 머릿속이 꽉 차 도무지 차의 맛이 느껴지지 않습니다. 유타의 질문에 근심 가득한 얼굴로 이런저런 고민을 횡설수설 쏟아낼 뿐입니다.

유타는 그런 슈운의 말을 얌전히 들어준 후에, 딱 한 마디를 내뱉습니다.

"배꼽."

슈운은 아차, 싶어 그제서야 숨어있던 배꼽을 내밉니다. 한껏 움츠러든 어깨와 등을 활짝 펴고, 잠시 딴 데 가 있던 마음을 지금 이 자리로 데려옵니다. 그런 슈운에게 유타는 미소지으며 다시 한번 묻습니다. "느낌은 괜찮습니까?" 슈운도 마주 웃으며 이제는 대답합니다. "매우 괜찮습니다."

저도 생각이 많을 땐, 배꼽을 앞으로. 여러분도 생각이 많을 땐 배꼽을 앞으로. '앉은 가짐'이란 것을 떠올려 보면 좋겠습니다. 그러고선 산뜻하게 미소지으며 말해보는 것입니다.

"매우 괜찮습니다."

추신. 저에게도 글을 쓰다 보면 잘 써지는지 모르겠고 길을 잃은 듯한 느낌이 드는 경우가 종종 있습니다. 그럴 땐 분명 몸통도 힘을 잃고 앞으로 굽어지고 있겠지요. 그럴 때마다 배꼽을 떠올리며 마음을 다시 이 순간으로 되돌려보고자 합니다. 그러면서 스스로에게 물어보는 것이지요. "느낌은 괜찮습니까?" 그리고 에잇, 될대로 되라는 심정으로 호쾌하게 웃으며 답해버리는 겁니다. "매우 괜찮습니다!" 오늘의 글도 그렇게 읊조리며 마침표를 찍어 보겠습니다.

40 스푼의 언어와 포크의 언어

질문은
수프를
뜨는 것처럼.

라멘집에서 홀로 식사를 하고 있는데 어떤 분이 점원 분께 말을 걸었습니다. "화장실 어딨어요?" 그 질문이 제 귀에 박힌 순간, 왜인지 날카로운 도구로 꾸욱 찔린 것마냥 아릿한 기분이 들었습니다. 그분의 말투가 무척이나 차갑고 퉁명스럽게 들렸기 때문입니다. 고작 화장실이 어디있냐는, 어떻게 말해도 상관없는 말이지만요. 조금 더 부드럽게 물어본다면 어떻게 말할 수 있었을까 생각해 보았습니다. "화장실이 어디 있나요?", "화장실이 어딘지 알 수 있을까요?"

종종 모르는 사람들의 첫 마디를 듣는 순간이 종종 있습니다. 버스에서도 가장 좋아하는 앞자리 좌석에 앉아있다 보면, 문이 열리자마자 한 승객이 정류장에서 "OO역 가요?" 하고 툭 던지듯 기사님께 묻는 것을 듣게 됩니다. 마치 '어서 대답이나 들으면 된다'는 듯한 어딘가 다급하고 성난 목소리로 말입니다. 그럴 때면 질문이 부드럽고 상냥한 사람들을 떠올리곤 합니다.

사실 이런 생각을 하는 것은 저도 종종 질문을 날카롭게 던질 때가 있기 때문입니다. '방금은 조금 더 친절하게 묻고 싶었는데, 너무 내리꽂는 듯한 느낌이었어.' 이런 반성을 한 적도 꽤 많습니다. 그런 스스로의 모습을 고치고 싶어 궁리할 때 제 안에 슬며시 떠오른 것은 숟가락으로 수프를 한 숟갈 부드럽게 뜨는 모습이었습니다.

말하자면 '스푼의 언어'와 '포크의 언어'가 있는 것입니다. 숟가락의 옆태는 미소 짓는 입모양이나 초승달을 뉘인 것처럼 휘어져 있습니다. 작은 접시의 테두리 같기도 하고 두 손을 공손히 모아 내미는 동작과도 비슷합니다. 바로 그런 모양으로 말끝을 부드럽게 떠올리듯이 묻는 질문은 훨씬 따뜻하고 상냥하게 느껴집니다. 반면 포크처럼 툭 내려찍는 듯한 말투는 어딘가 공격적입니다. '빨리 대답이나 내놔'라고 으름장을 놓는 것 같다고 할까요.

질문은 스푼처럼. 부드럽게 떠올리는 느낌으로. 타인에게 건네는 모든 말은 무릇 스푼처럼 하는 것이 기분 좋지만, 그중에서도 질문의 말은 조금 더 특별하다고 생각합니다. 질문이란 모르는 사람의 세계를 처음으로 똑똑 두드리는 말이기 때문입니다. 모르는 것을 묻거나 무언가에 대한 답을 듣기 위해서 우리는 처음 보는 낯선 사람에게 말을 건

넵니다. 이거 써도 되나요? 티슈는 어디 있나요? 이건 어디에 두나요? 어떤 용건으로 묻든 나는 그럴 작정이 아니었더라도, 갑자기 모르는 누군가로부터 무방비하게 질문을 당하는 입장에서는 당황스러운 순간입니다.

그러니 '조금 더 조심스럽게 다가간다'는 배려가 필요하다고 생각합니다. 아기나 고양이의 보드라운 등을 톡톡 두드리듯이 슬그머니 물꼬를 트는 것입니다. '혹시'라는 말을 앞에 덧붙이는 것도 나의 질문이 상대에게 해가 되는 것이 아니라는 것을 알려주고 싶다는 일종의 사려 깊은 표현이겠지요. 이외에도 "실례지만", "저기", "안녕하세요" 같은 말들이 더 있습니다.

질문은 답을 듣기 위해 묻는 기능적인 말이지만 동시에 한 사람을 노크해 처음으로 물꼬를 트고 서로의 목소리를 나누는 소통의 말이기도 합니다. 그렇기에 대답을 듣고 싶다는 나의 의도만을 들이미는 듯한 저돌적인 말투는 상대에게 위협적인 인상을 줄 수 있습니다. 사려 깊게 질문하는 핵심은 '저는 당신을 해할 사람이 아니랍니다'라는 사실을 알려주려는 태도입니다.

고작 화장실이 어디 있냐는 질문만으로도 누군가와 기분 좋게 스쳐 지나갈 수 있는 것이라면, 포크의 언어보다는 스푼의 언어로 다가가고 싶습니다. 한 가지 요령이라면 '나'라는 글자를 슬쩍 끼워 보는 것도 담백하고 좋습니다. "해도 돼요?" 보다는 "해도 되나요?", "어딨어요?" 보다는 "어디 있나요?"가 상냥한 느낌이 들지 않나요?

추신. 이 글을 읽은 한 작가님께서는 종종 '면봉 같은 글'과 '이쑤시개 같은 글'이라는 비유를 쓴다고 하셨습니다. 이 비유도 참 와닿습니다. 우리의 생활 속에는 부드럽고 뾰족한 물건들이 많이 숨어 있군요.

41 침대 맡에 두는 책

영혼의
시간을
갖습니다.

침대 맡 책상 귀퉁이에는 언제나 책 한 권이 놓여 있습니다. 자기 전 반 시간 정도 짧은 독서를 위해 두는 책입니다. 낮에 읽던 책을 이어 읽기도 하지만, 대부분 하루를 마무리하며 마음을 차분하고 깨끗하게 정돈할 수 있는 책을 읽습니다.

그런 저의 책상에 단골로 등장하는 책은 법정 스님의 책입니다. 최근에는 <산에는 꽃이 피고>라는 옛 책을 읽고 있습니다. 스님께서 늘 강조해 말씀하셨던 무소유의 즐거움과 침묵의 품위, 소박한 생활 등을 엿보며 마음에 새기고 싶은 문장을 만나면 연필로 고이 밑줄을 긋기도 합니다.

법정 스님의 책 외에도 너무 깊지 않은 불교 서적을 종종 읽는 편입니다. 선승들의 일화집이나 스님의 편지 같은 글을 읽기도 하지요. 신자는 아니지만 속세에서 한 발짝 떨어져 맑은 생각과 행동으로 생활을 검소히 정돈하신 스님들의 글을 읽고 있자면 마음이 평온하고 맑아집니다.

어떤 하루를 보냈더라도 자기 전에 그런 책을 읽다 보면 온종일 마음을 할퀴던 날카로운 감정과 욕심이 사라지고 본래의 둥글고 맑은 감정만이 남는 것 같습니다. 그렇게 편안하게 리셋된 마음으로 내일을 맞이할 준비를 합니다.

일종의 정화 의식이라고 할까요. 바쁜 생활 속에 잠시 잊고 있었지만 진정으로 추구하는 내면의 상태를 다시 점검합니다. 그러기 위해 몇몇 물건들의 도움을 받습니다. 간단한 동작을 하며 긴장을 풀 수 있는 요가 매트, 심신을 안정시켜주는 아로마 오일, 카페인이 없는 따뜻한 차 한 잔, 손때 묻은 일기장 등. 마음이 평온해지는 물건들을 자유롭게 활용합니다. 내 안에 있는 본래의 평온을 회복할 수 있는 것이라면 무엇이든 좋습니다.

저에겐 침대 맡에서 즐기는 소박한 책 한 권이면 충분합니다. '맞아, 나 이런 삶의 가르침을 좋아하지', '이런 글귀에 평온함을 느끼지', '이런 마음을 품고 살아가고 싶지'. 책의 속삭임이 제 안에 스며드는 순간, 잠시 잊고 있던 지향하는 삶의 자세가 마음 깊숙한 곳에서부터 다시 싹틉니다.

"영혼을 돌보고 있나요?" 언젠가 책인가 영상에서 이런 말을 들었습니다. 나름 몸과 마음을 잘 돌보는 편이라고 생각했는데, 영혼이란 말은 너무 심오하게 느껴졌던 것인지, 그 말을 듣고서 비로소 처음으로 영혼을 돌본다는 것을 곰곰이 생각하게 된 것 같습니다.

다소 추상적이지만 영혼이란 것은 마음속에 고이 놓여 있는 작은 돌 같은 것이라고 생각합니다. 이런 비유를 하는 것은 문득 한 강 작가의 <파란 돌>이라는 시가 떠올랐기 때문입니다. '투명한 물결 아래 희고 둥근 조약돌들 보았지', '거기 있었네 / 파르스름해 더 고요하던 그 돌'. 저자가 선잠 속에서 손 뻗어 줍고 싶었던, 그저 고요히 놓여 있을 뿐인 희고 해맑은 돌 말입니다. 영혼의 시간이란 그 돌을 고요한 내면에 소중히 두는 연습인 것처럼 느껴집니다.

영혼의 시간을 꼭 밤에 가질 필요는 없습니다. 한가로운 주말 아침이나, 점차 해가 뜨는 하늘을 바라보며 하는 아침 산책도 좋습니다. 몸을 돌보는 것도 좋지만 영혼을 돌보는 것도 잊지 않도록 합시다. 원치 않는 풍경 속에 휩쓸리기 쉬운 일상을 살아가는 우리에게는 가끔 그런 신성한 시간도 필요한 법입니다.

추신. 요즘은 몸을 이완하고 바른 호흡을 하는 것에 관심을 두고 있습니다. 하루종일 긴장을 하며 얕은 숨을 쉬던 몸에 부드러운 휴식을 줍니다. 30분 정도의 스트레칭으로도 좋은 힐링이 됩니다.

42 조언을 건네는 방법

아이디어를
선물합니다.

카페에서 이야기하다 J님이 이런 말을 했습니다. "최근에 누군가에게 조언을 들은 적이 있는데, 이유는 모르겠지만 기분이 별로 안 좋았어요." 어떤 조언이었냐고 물으니 그냥 연애에 대한 시시콜콜한 이야기를 하다가 나온 말이라고 합니다. 그분은 이렇게 조언을 건넸다고 합니다. "정말 좋아하고 아끼는 동생이라서 하는 말인데……."

평소 다른 사람이 비슷한 조언을 할 땐 전혀 기분이 나쁘지 않아서 그 점이 의아하다고 했습니다. "뭐가 달랐던 걸까요?" J님의 질문에 뭔가 도움이 될 답을 찾아내고 싶어 저도 곰곰이 생각해 보았습니다. 마침내 제가 내놓은 답은 이러했습니다. "제가 J님에게 어떤 조언을 할 땐 J님을 아끼기 때문에 하는 것은 아니에요."

그 분이 말한 '아끼는 동생이라서'라는 말이 저에게는 이렇게 다가왔기 때문입니다. 자신의 바운더리 안에 상대를 놓아두었다, 라고요. 하지만 제가 누군가에게 조언을 할 때 그런 마음이냐고 하느냐면 조금 다릅니다. 저는 상대를 내 사람이라 여기기 때문에 건네는 조언은 잘 하지 않습니다. 조언을 건네는 상대가 아니라, 그 조언의 내용이 중요하기 때문입니다. 그리고 그 내용이 정말로 올바르다면 아끼는 사람이 아니더라도 필요한 것이겠지요.

"저는 조언이라기보단 아이디어를 건네는 사람인 것 같아요." 이렇게 말하니 J님은 그런 것 같다고 맞장구를 쳤습니다. 저의 조언은 어드바이스가 아닌 아이디어에 가까운 편입니다. 누군가 고민을 상담해 오면 마치 보따리 장수처럼 곧잘 이런저런 아이디어들을 꺼내 놓곤 합니다. 그 편이 저에게도 재미있기 때문입니다. 이건 어떤가요? 이렇게 하면 좋을 것 같은데요? 아니면 저렇게 해도 괜찮겠는데요? 또 이런 방법도 있어요. 어떤 게 좋을 것 같아요? 하고요. 그 사람이 꼭 택하길 바라는 저의 No.1 픽은 없습니다. 그저 보따리를 탁상 위에 펼친 후 함께 하나씩 까 보는 것입니다. 거기서부터는 대화가 생겨납니다.

하지만 조언은 어떤가요? 이미 내가 옳다고 생각하는 답이 있습니다. 거기에서는 나의 의견이 중요해집니다. 조언을 건넨다고는 하지만, 그 조언을 입 밖에 내뱉고 있는 내 내 머릿속엔 오직 나로 꽉 차 있는 상태인 것입니다. 그 말 안에 자신이 담겨 있지 않다는 걸 듣는 사람이 느끼지 못할 리 없겠지요. 상대가 의견을 내는 순간, 대화가 아닌 토를 다는 느낌이 들지도 모릅니다.

내 사람이라고 생각하면 아무래도 내가 올바르다고 생각하는 대로 행동해주길 바라는 마음이 듭니다. 그래야 어디 가서 마음 다칠 일 없고 안전할 거라는 믿음이 드니까요. 그래서 간혹 사랑하는 가족과 애인, 동료나 후배, 좋아하는 친구 등 아끼는 사람일수록 깊숙한 조언을 하게 됩니다. 진로를 제대로 고민하고 있나 의심이 드는 남동생에게 "내가 인생을 더 살아 본 누나라서 하는 말인데……."하고 가르침을 주고 싶어지는 것처럼요.

제가 존경하는 70세 디자이너 아키타 미치오 씨는 <기분의 디자인>이라는 책에서 이런 말을 합니다. 상대의 고민에 어떻게 하면 좋을지를 이야기하는 것은 어렵다며, 그저 새로운 시점을 하나 선물한다는 마음가짐으로 있으려 한다고요. 그 문장을 읽고, 그날 제가 J님께 해 주었던 말이 다시금 기억났습니다.

나의 것을 주려 하지 말고, 상대가 기분 좋게 고를 만한 것을 선물한다. 그것이 조언을 건네려는 사람이 갖춰야 할 자세의 힌트인 것 같습니다. 그래서 저도 늘 고민합니다. 어떤 사람을 보고 '이러면 참 좋을 텐데'라고 느끼는 순간, 그것이 상대를 조정하려는 느낌인지 자유롭게 풀어주고 싶은 느낌인지요. 마치 양치기가 되는 기분이랄까요. 양을 몰아 울타리에 얌전히 두고 싶은 것인지, 풀도 뜯어 먹고 구름도 바라볼 수 있도록 넓은 초원으로 방생하고 싶은 것인지 말입니다. 그러다 전자라는 것을 알면, 입이 근질거려도 턱 끝까지 차오른 말을 삼킵니다. 늘 이렇게 신경을 곤두세우고 있지 않으면 안 됩니다.

조언을 하고 싶은 마음을 거두고 아이디어를 선물한다는 자세를 갖춰 봅시다. 별다른 조언을 한 기억도 없는데 어느새 당신에게 고민을 말하고 싶은 사람들이 삼삼오오 모여들어 있을지도 모릅니다.

추신. 무엇보다도 중요한 것은 상대가 조언이나 아이디어를 필요로 하는지의 여부겠지요. 그렇지도 않은데 건네는 조언은 잔소리나 참견이 되기 쉽습니다.

43 부드럽고 온화한 어른의 교복

가을엔
좋아하는
니트 하나쯤.

가을을 마중하는 마음으로 꼬까옷을 하나 샀습니다. 바로 빨간색 울 니트입니다. 쇼룸에서 처음 입어 봤을 때 살갗에 닿는 촉감이 무척 부드러워 한눈에 반했습니다. 작년 겨울에 니트를 한바탕 정리하고 난 뒤 텅텅 빈 옷장을 보며 생각했습니다. 쌀쌀한 계절이 돌아오면 마음에 드는 니트를 한 벌 구비하자고요.

뜨개질하는 할머니가 떠오르는 퐁실퐁실한 니트, 꽈배기 모양으로 짜인 니트, 땡땡이나 줄무늬 패턴이 화려한 니트도 좋지만 아무래도 담백한 어른의 옷이라고 하면 특별한 무늬도 짜임도 없는 단색의 니트가 떠오릅니다. 너무 두껍지도 무겁지도 않아 맨몸에도 셔츠 위에도 입을 수 있는 그런 니트 말입니다. 선선한 바람이 부는 지금 같은 시기에는 딱 한 벌만 입어도 따사롭습니다. 니트를 고를 때의 제 기준은 맨살에 입어도 부드러운 것입니다. 입었을 때 몸에 햇살을 살포시 두른 듯한 느낌이 들면 합격입니다.

늦가을이 다가오니 하나둘씩 니트를 입은 사람들에 눈길이 갑니다. 오늘도 한남동의 앤트러사이트 카페에 갔더니 서로 다른 색의 니트를 입은 사람들이 커피를 마시고 있었습니다. 하늘색 니트, 핫핑크색 니트, 연두색 니트, 노란색 니트……. 무척 발랄해 보이는 풍경이었습니다. 가을의 니트라고 하면 단정하고 정숙한 무채색도 좋지만 쨍하고 다채로운 색의 니트에 더 눈길이 가는 건 왜일까요? 모두가 옷장 속 서랍을 열고 니트를 주섬주섬 꺼내 입으며 가을의 풍경을 더욱 알록달록 아름답게 물들이는 데 일조하는 이 생활의 단상이 꽤 사랑스럽습니다. 나뭇잎들도 울긋불긋 옷을 갈아입듯 사람들도 울긋불긋한 모습으로 거리에 녹아듭니다.

가만 보면 니트란 꽤 기특한 옷입니다. 커피와도 잘 어울리고 도서관과도 잘 어울리고 연필과도 잘 어울리고 안경과도 잘 어울립니다. 여유롭고 지적인 풍경과 꽤 궁합이 잘 맞습니다. 니트 한 벌만 제대로 갖춰 입어도 웬만한 셔츠를 입은 모습보다 성숙하고 온화한 분위기가 납니다. 셔츠보다 편안하지만 적당히 격식을 갖출 수 있다는 점에서 어른의 교복 같다고도 할까요. 좋아하는 친구와 동료가 니트를 입은 모습들을 보면 왠지 증명사진을 모으듯 차곡차곡 수집해 두고 싶은 기분이 듭니다.

니트를 입는 즐거움에는 양말 고르기도 빼놓을 수 없습니다. 저는 종종 빨간 니트에 빨간 양말을 신는데요. 그런 작고 귀여운 위트가 하루의 기분을 바꿔 줍니다. 어느 날은 빨간 양말을 신고 편의점에 두유를 사러 갔는데 점장님께서 제 두 발을 가리키며 외쳤습니다. "오, 빨간 양말~ 멋있는데!"

본래 니트가 어울리는 사람은 아니지만, 날씨가 쌀쌀해지면 한층 너그러운 마음이 되어 옷장 속에 좋아하는 니트 하나쯤은 갖추고 싶어집니다. 가을이 오면 다람쥐가 도토리를 비축해두듯이요. 서랍 속에 '꽤 마음에 드는걸' 싶은 니트가 있다는 사실 하나로 마음이 겨울 내내 든든한 법이니까요. 여러분도 가을이 오면 좋아하는 니트 하나쯤 품어 보는 것은 어떤가요?

추신. 아침에 집을 나설 때마다 니트와 색을 맞춘 양말을 신고 지적인 인상의 안경을 더하는 센스도 슬쩍 발휘해 보세요.

44 풍경을 묘사하는 힘

계절을
담은 책을
읽습니다.

힘내. 가을이다. 사랑해.

가을이 오면 이 문장이 떠오릅니다. 이 말은 94세로 세상을 떠난 현역 최고령 의사였던 한원주 선생님의 말씀입니다. 이처럼 계절이 바뀌면 누군가의 문장들이 떠오릅니다. 옛 시절의 문인들은 새로운 계절이 왔음을 알아차리고 부지런히 붓과 펜을 들었습니다. 눈앞에 불쑥 찾아온 계절이 반가운 건 비단 저나 선생님만이 아니었던 모양입니다.

햇살이 따사로운 일요일, 창밖으로 열차가 지나가는 모습을 볼 수 있는 카페에 왔습니다. 계절이 바뀔 때마다 치르는 의식이 하나 있다면, 바로 아늑하고 포근한 카페에서 계절을 묘사한 책을 읽는 것입니다. 이 시간이 저로서는 바쁜 일상을 살며 미처 포착하지 못했던 가을의 풍경을 음미하는 소중한 시간입니다. 저의 책장 속에는 계절이 바뀔 때마다 꺼내 읽는 책이 있습니다. 일본의 근현대 문인들이 묘사한 계절의 풍경들을 고이 엮은 <작가의 계절>이라는 책입니다.

문인들의 글을 읽다 보면 계절이란 비단 거리 위가 아니라 책상 위에도, 마당에도, 붓 끝에도 있다는 것을 알게 됩니다. 다자이 오사무가 수첩 속에 적어 두었던 가을 단어들—잠자리나 코스모스 같은 것—부터 발끝에 밟히는 낙엽과 코끝을 간지럽히는 금목서 향기, 쓸쓸한 저녁에 눈물짓게 하는 담배 연기, 이웃집 아이와 주고받은 감나무 열매, 사색 가득한 산책, 평소보다 적막과 외로움이 감도는 서재 등. 그 시절 문인들을 설레게 하고 때로는 쓸쓸함에 몸서리치게 했던 가을의 일상들이 정겹고도 소박하게 흘러갑니다. 문인들이 소중하게 품었던 가을의 감정, 가을의 꽃과 풀과 벌레, 가을의 물건들을 찬찬히 읊어 봅니다.

가을바람. 들국화. 해질녘.
모기. 잠자리. 국화꽃. 수첩 갈피.
이슬. 억새풀. 그늘. 쓸쓸함.
가을비. 눈물. 귀뚜라미. 보름달.
벌레. 밤(栗), 등불, 배, 감, 긴 밤.

글 안의 단어들이 점자를 어루만지듯 생생한 감각으로 다가옵니다. 계절을 묘사한 글을 읽고 있으면 계절의 단어들을 알게 됩니다. 계절의 감정들을 알게 되고, 계절의 생명

들을 알게 됩니다. 계절이란 텍스트에도 깃들어 살아 숨쉬나 봅니다. 가을 저물녘 문득 느끼곤 했던 외롭고 쓸쓸한 감정이 나만이 느끼는 것이 아니라는 것을 알게 되고, 창밖에서 어렴풋이 들려오는 소리의 정체가 무슨 벌레인지 알게 되면 흐뭇합니다.

날씨가 선선해지고 해가 짧아져도 매일의 풍경은 그대로입니다. 출근해서 아침부터 저녁까지 컴퓨터를 보다가 똑같은 골목을 걸어 집으로 돌아오는 일상은 때때로 야속합니다. 그럴 때마다 계절을 애정 어린 시선으로 원고지에 옮긴 문인들의 글에 기대봅니다. 계절의 변화를 포착한 그들의 다정하고 예리한 글솜씨를 통해 내가 지금 어떤 풍경을 지나고 있는지 실감합니다.

계절 속에 나를 가만히 놓여 보는 것은 저에게는 생활을 단정하게 가다듬는 또 하나의 방식입니다. 지금 이 순간 주변의 풍경을 묘사할 수 있는 것, 그것이 글을 쓰는 모든 사람의 힘이니까요.

추신. "가을은 응시의 계절, 몰두의 계절, 자신의 존재를 생각하는 계절이다." 도요시마 요시오는 <가을 기백>이란 글에서 이렇게 말했습니다. 확실히 가을이란 자신의 내면을 차분하고 깊게 바라보고 쏟어내는 계절입니다. 여러분은 지금 무엇을 응시하고 무엇에 몰두하고 있나요?

45 흰 셔츠를 다림질하듯

담백하다는 것은
무엇일까요?

담백하다는 것은 무엇일까요? 글을 쓰는 데 큰 영향을 받은 작가들을 비롯해 정말 좋아하는 브랜드의 디렉터, 존경하는 영화감독 등 각 분야에서 꾸준히 영향을 미치는 사람들을 보면 언제나 깨끗하고 담백한 인상을 느끼곤 합니다. 그들의 차림새나 소지품에서 드러나는 것만은 아닌 것 같습니다. 다만 어렴풋이 말할 수 있는 것은 한 가지, 그들에겐 올곧은 삶의 테마가 있다는 느낌뿐입니다.

그러다 어젯밤의 일입니다. 정중한 자리에 입으려고 처음으로 흰 셔츠를 다리고 있었는데요. 다리미로 셔츠 위의 주름을 하나씩 펴나가다 보니 어느 순간, 옷걸이에 걸린 흰 셔츠와 저만이 대면하는 듯한 경건하고 맑은 순간을 마주했습니다.

아, 흰 셔츠 같은 것이구나. 그때 문득 생각이 들었습니다. 모두 자신만의 흰 셔츠를 앞에 두고 성실하게 다리고 있는 것이구나. 소재나 색은 조금씩 다르지만, 각자의 기준으로 고른 깨끗하고 부드러운 흰 셔츠. 그들의 삶에서 느낀 인상은 비유하자면 그런 것이었습니다. 단정하게 다듬은 매무새와 어디선가 느껴지는 온화한 분위기. 그리고 자연스럽게 배어 나오는 포근한 유머와 인간다움. 그것은 오래 길들여 입은 셔츠와 닮아 있었습니다.

그렇게 생각하니 모두에게는 삶이라는 흰 셔츠를 다리는 다리미가 있는 게 아닐까 생각합니다. 각자의 삶을 곱게 다리기 위해 가지고 있는 견고한 도구, 말하자면 철학 같은 것입니다. 하지만 주름을 펴기 위해선 온기도 필요합니다. 그렇기에 나의 이익만을 위한 이기적이고 냉정한 철학이 아닌, 나와 타인 더 나아가 모두가 살아가는 세상을 향해 연민과 사랑을 품은 따뜻한 철학이 필요합니다. 담백하다고 느꼈던 분들의 책, 브랜드, 영화 등을 보면 따뜻한 철학으로부터 자신의 생활과 타인, 풍경을 사랑스럽게 여기는 마음이 느껴집니다. 전문적인 모습 속에서도 어딘가 따뜻함이 느껴졌던 것은 한없이 냉철한 자기 절제와 규율로만 다려낸 삶이 아니라 그러한 포용의 철학으로 다려낸 삶의 모습이었기 때문이 아닐까요?

담백(淡白)이란 단어는 맑을 담에 흰 백을 씁니다. '맑을 담'이란 한자에는 불(火)이라는 한자가 두 개나 있습니다. 자신의 깊은 곳에서 따뜻하게 불사를 수 있는 두 가지 마음이라고 하면, 하나는 세상을 향한 사랑, 또 하나는 분야에 대한 열정이라고 생각합니다. 앞에서 언급한 분들은 모두 그 두 가지를 갖춘 것 같습니다. 뭉근히 타오르는 사랑과 열정을 바탕으로 하루하루 삶이라는 셔츠를 다린다. 그런 성실한 다림질에서 우리는 담백한 인상을 느낍니다.

담백함이라는 것은 삶이라는 셔츠를 다릴 성실하고 온화한 다리미 즉, 철학을 갖는 것입니다. 삶을 정갈하고 견고하게 다리기 위해 갖추고 싶은 단 하나의 철학을 고민해봅니다. 다리미는 한 개면 충분한 법이니까요. 철학이 여러 개 있어도 피곤할 따름입니다. 그러한 철학이란 것을, 다시 제가 존경하는 분들을 통해 바라다봅니다. 예를 들면 작가 마쓰우라 야타로에겐 '기본', 디앤디파트먼트의 수장 나가오카 겐메이에게 '롱 라이프'일까요. 여러분이 언제든 사랑과 열정을 발휘할 수 있는 견고하고 올곧은 삶의 테마는 무엇인가요? 저는 아직도 찾고 있는 중이랍니다.

추신. 후보로는 '진심(真心)'이려나요. 진짜 마음이요. 8년 동안 한 번도 바뀐 적 없는 좌우명입니다. 마음에 한 치의 거짓이 없다면 언젠가는 전해진다고 생각합니다.

46 차를 우린다는 것의 의미

먼저
찻잔부터
데웁니다.

좀처럼 첫 문장이 써지지 않는 일요일입니다. 창밖을 바라보아도, 커피 한 잔을 마셔도, 수첩에 적어 둔 단어들을 바라보아도 마음은 도무지 종이에 와 있지 않습니다. 오늘은 꼭 써야 하는데. 마음이 조급해지는 순간 수첩에 적힌 한 문장에 시선이 꽂혔습니다. "먼저 찻잔을 데운다."

그 문장이 저를 한순간에 10월 중순의 이른 아침으로 데려다 놓았습니다. 연희동의 한 티룸을 방문해 다과 티 코스를 시음했던 날이었습니다. 대표님께서 바 테이블에 고운 빛깔의 다기와 향긋한 찻잎들을 준비하신 후 천천히 차를 우려주셨습니다. 능숙한 손길을 감상하는데 문득 흥미로운 점을 발견했습니다. 찻주전자에 뜨거운 물을 따르고 나서 빈 컵에 그냥 또르르 버리시는 것입니다. 그리고 빈 찻주전자에 다시 찻잎을 넣어 부드럽게 흔드셨습니다. 왜 그런가 하였더니 바로 이렇습니다. 뜨거운 물을 부었다 내면 찻주전자가 딱 알맞게 데워집니다. 그 안에 찻잎을 넣고 흔들면 내부에 차의 향이 고르게 뱁니다. 그렇게 차를 우리기 전부터 찻주전자를 따뜻하고 향기로운 상태로 만드는 것입니다.

그 동작을 감상하면서 저는 비로소 차를 우린다는 것의 의미를 깨달았습니다. 차의 맛을 오롯이 느낄 수 있도록 찻주전자를 데우고 찻잎의 향을 입히는 것입니다. 한 마디로 어떤 것을 하기 위해서 그걸 위한 상태를 먼저 만드는 것입니다.

글을 쓰기 위해선 먼저 읽는 생활이 필요합니다. 상냥한 마음을 갖고 싶다면 상냥한 말과 글이 깃든 곳에 머물러야 합니다. 예를 들면 자극적인 뉴스나 SNS의 댓글창이 아닌 마음이 따뜻해지는 책이나 영화를 보고, 상냥한 사람과 대화를 나눠야 합니다. 생활에 대한 글을 쓰려면 노트북이나 메일함에서 잠시 멀어져 침구를 가지런히 정돈하고 식사를 잘 챙겨 먹어야 하고요.

바로 그런 것들, '우리는 행위'가 요즘의 일상에 부족했던 것 같습니다. 연말에 일이 많아 자꾸만 마음이 떠 소소한 집안일을 돌보고 휴식을 취하는 날이 좀처럼 없었습니다. 그러니 글을 쓰려 해도 글감이 생각나지 않았던 것이지요. 잽싸게 차를 내려 봤자 떫고 식은 맛이 날 뿐이듯이요.

그래서 제가 다시 갖추려는 것은 '우리는 마음'입니다. 후딱 해버리자. 단숨에 끝내버리자. 이런 말들은 삼킵니다. 우리는 마음은 곧 순한 마음과도 같습니다. 순하다는 것은 과격해지지 않는다는 것입니다. 급히 하려는 마음, 갑자기 하려는 마음, 떠미는 마음. 그런 마음을 오늘은 잠시 멈춰두고 순하게 기분 좋은 글을 우려보려고 합니다. 따뜻한 커피 한 잔, 어제 사 온 쑥 쿠키, 카페에서 흐르는 재즈 음악. 그리고 단정한 글을 쓰게 해 주는 책 한 권으로 말입니다. 어떤가요. 이제 좀 글이 우려지는 것 같나요?

추신. 평소엔 장르를 가리지 않고 책을 다양하게 읽다가도 <오늘의 기본>을 편집할 땐 지향하는 분위기와 닮아 있는 책을 읽습니다. 책을 읽는 동안 제 안의 글그릇이 딱 맞는 온도로 데워져 저절로 따뜻하고 향기로운 문장들이 우러나오기 때문입니다. 여러분은 어떤 것을 우리고 싶어 어떤 것들을 취하고 있나요? 출근하기 전에도, 잠들기 전에도 그에 맞는 상태를 위해 마음을 우려내는 시간을 가질 수 있답니다.

47 오늘을 마주하는 방법

교토에서
만난
오늘의 메뉴.

7년 만에 교토에 다녀왔습니다. 도착한 첫날, 가모강 근처의 동네 사랑방 같은 카페에 들렀습니다. 창가 쪽에 수첩에 무언가를 골똘히 끄적이는 외국인 여행객 한 명이 앉아 있었습니다. 저도 창가를 바라보고 나란히 앉았습니다.

눈에 띄는 메뉴가 하나 있었습니다. 바로 '오늘의 케이크'입니다. 호기심이 생겨 물으니 '바나나 크림치즈 케이크'랍니다. 흘끗 보니 외국인 여행객이 먹고 있는 바로 저거구나 싶었습니다. 흔쾌히 먹어보고 싶은 마음이 들어 카페오레와 함께 주문했습니다.

"그렇군요"라고 대답하고 말았지만, 속으로는 무척 궁금했습니다. 왜 바나나 크림치즈 케이크일까. 오늘은 왠지 바나나의 기분이었던 걸까? 아침에 일어나서 '오늘은 바나나다' 하고 생각했던 걸까? 혼자 이런저런 상상을 했습니다. 이윽고 나온 케이크는 무척 아담하고 귀여웠습니다. 사각으로 단정하게 잘린 케이크는 눈송이 같은 흰 가루로 곱게 덮혀 있었고, 그릇에 흘러내린 부드러운 크림 위에 허브 잎이 놓여있었습니다.

교토에 머무는 일주일 동안 어딜 가나 '오늘의 메뉴'를 볼 수 있었습니다. 찻집에서는 오늘의 차, 커피숍에서는 오늘의 커피, 식당에서는 오늘의 정식. 오늘의 커피는 어떤 원두인지, 오늘의 정식은 어떤 음식들로 구성되어 있는지 손 글씨로 적혀 있는 정겨운 메뉴판도 볼 수 있었습니다.

오늘이라는 것을 무척 소중한 마음으로 마주하고 있구나. 그런 생각이 들었습니다. 오늘을 대하는 저마다의 마음을 제각기 특별한 형태로 만들고 있는 것입니다. 찻집은 차라는 형태로, 커피숍은 커피와 케이크로, 식당은 식사라는 형태로. 모두 가장 나다운 것 또는 가장 좋아하는 것, 잘하는 것으로 하루하루를 다르게 만들어 가고 있었습니다. 그렇게 교토의 상인들이 오늘이란 날을 마주하는 모습에 흐뭇한 미소가 지어졌습니다.

저는 오늘의 메뉴가 있으면 구미가 당기는 다른 메뉴를 제치고 덥석 그것을 고릅니다. 그들이 커피와 차, 케이크로 표현한 오늘의 풍경이 보고 싶기 때문입니다. 오늘의 메뉴에는 오늘이라는 단 하루를 충실하게 마주하려는 한 사람 한 사람의 마음이 담겨 있습니다. 메뉴를 고르는 것만으로 그 사람의 오늘이 나의 오늘이 된다는 것은 신비로운 일입니다.

오늘의 메뉴는 오늘뿐입니다. 내일은 없습니다. 내일은 맛볼 수 없는 것. 내일은 고를 수 없는 것. 오늘이란 것은, 그런 것입니다. 일상 같아 보이지만, 언제나 단 하루뿐입니다. 오늘에만 만날 수 있는 것과 성실히 만나는 것. 그것이 작은 가게들이 보여주고 있었던 소중한 노력이자, 우리의 일상에도 필요한 마음이라고 생각합니다.

추신. 나만의 '오늘의 OO'를 만들 수 있다면 어떤 것이 좋은가요? 오늘의 책, 오늘의 양말, 오늘의 과자, 오늘의 찻잔, 오늘의 행복……. 저는 역시 '오늘의 기본'이려나요.

집 안에
꽃병이
있는 풍경.

교토 여행에서 가장 온화했던 공간이라고 하면 역시 가와이 간지로 기념관이 아닐까 싶습니다. 관광객으로 붐비는 청수사에서 조금 떨어진 한적한 골목에 자리한 이곳은 도예가였던 가와이 간지로가 직접 설계하고 머물렀던 저택입니다.

전체적으로 어둡지만 창으로부터 밝은 빛이 새어 들어와 따뜻하고 차분한 곳입니다. 흙을 만졌던 그의 섬세한 손길이 곳곳에 녹아 있어 여전히 집처럼 편안한 분위기를 느낄 수 있습니다. 오래된 목조 가옥임에도 불구하고 큰 난로 덕분에 따뜻합니다. 식빵을 굽고 있는 고양이 한 마리 주위로 관람객들은 곳곳에 마련된 의자에 앉아 자유롭게 휴식을 취하거나 도란도란 이야기를 나누고 전시장 안의 자료들을 살펴봅니다. 엄숙한 자세로 감상해야 하는 곳이 아니라 누구에게든 다정하게 열려 있는 공간입니다.

저는 가와이 간지로가 사용했던 한 작은 책상에 앉아 잠시 창밖을 바라보았습니다. 책상 위에는 분홍색 꽃이 꽂힌 투명한 푸른 병이 놓여 있었습니다. 둘러보니 책상 위뿐만 아니라 집 안 곳곳에 서로 다른 꽃들이 놓여 있었습니다.

창틀과 모서리, 응접실 탁상의 가운데, 별채의 창가, 손 씻는 세면대에도 푸른 꽃병에 보라색 꽃이 담겨 있었습니다. 모양도 빛깔도 다채로운 꽃병들의 모습이 반가웠습니다. 구석구석까지 손길이 닿은 흔적을 보고 이런 곳에까지 마음을 쏟았구나 하고 잔잔한 울림이 느껴졌습니다.

꽃병이 놓인 풍경이란 새삼 사람의 기분을 온화하게 만드는 것 같습니다. 곳곳에 놓인 꽃병들을 만날 때마다 마음이 온순해집니다. 쌀쌀한 날씨와 낯선 일상 속에서 저도 모르는 사이 뾰족하게 얼어 있던 마음이 저택 곳곳을 누비는 사이에 점점 포근해졌습니다. 화분이 아니라 꽃병이 있는 풍경이 왜 유난히 더 온화하게 느껴지는지 그 이유를 알 것 같았습니다.

한 뼘 정도 되는 꽃병은 아주 작은 자리에도 둘 수 있습니다. 책상의 귀퉁이에도, 세면대 모서리에도, 부엌의 싱크대에도. 꽃병이 없었다면 눈길을 주지 않고 무심하게 지나칠 곳에 마음을 하나 올려 둘 수 있습니다. 또 꽃은 금방 시들기에 부지런히 새로운 꽃으로 갈아주지 않으면 안 됩니다. 그런 부지런한 손길을 상상할 수 있는 데서 사람은 그만 마음을 허물어뜨리는 것입니다.

집에서도 이런 온화한 기분을 느끼고 싶어졌습니다. 발걸음을 옮길 때마다 꽃이 고개를 내밀고 반겨준다면 얼마나 기분이 좋을까요? 돌아가면 방 곳곳에 한 송이 꽃을 놓아두고 싶다고 생각했습니다. 화장실에 하나, 책상에 하나, 창틀에 하나. 꽃병을 볼 때마다 기억할 수 있을 테니까요. 내가 놓아 둔 것이 마음이라는 것을요.

마지막으로 고양이를 한 번 쓰다듬고 나와 거리를 걸으며 잠시 떠올렸습니다. 책상에 앉은 가와이 간지로의 눈에 비친 하늘은 과연 어떤 풍경이었을까요? 창가에 놓여 있던 노란 꽃이 아직도 선명히 아른거립니다.

추신. 일본의 주택가를 걷다 보면 현관문 앞에 작은 화분들이 놓여 있는 풍경을 볼 수 있습니다. 집 안이 아니라 밖에 놓인 꽃들은 다정한 안부 인사를 하듯 이웃들의 마음을 온화하게 만들어 주고 있다고 생각합니다.

49 기념일을 챙기는 마음

나만의
풍습을
만듭니다.

오늘은 크리스마스입니다. 저는 크리스마스가 되면 소소하게 기분을 내는 편입니다. 예를 들면 빨간 니트를 입고 빨간 목도리를 두르고서 홀로 카페도 다녀오고 서점에서 책도 한 권 사는 것이지요. 지금은 70년대 뉴욕의 크리스마스 풍경이 떠오르는 빈티지 재즈를 틀어 놓고 따뜻한 호지차를 마시며 글을 쓰고 있습니다. 저녁에 혼술을 하며 볼 영화도 찾아봅니다. 평소엔 좀처럼 보지 않는, 유치해도 흐뭇한 결말로 마무리되는 로맨틱 코미디가 좋습니다. 식사로는 스파게티나 치킨이 어떨까요. 성탄절은 역시 서양의 명절이라는 느낌 때문에 양식이 구미가 당깁니다.

빨간 니트와 빈티지 재즈. 맥주와 영화. 하루의 시시콜콜하고 논리 없는 선택들의 이유가 단지 '크리스마스니까'라는 것은 조금 우습기도 합니다. 하지만 평소에 입고 듣고 보고 마실 수 있어도 왠지 크리스마스니까 즐기고 싶은 것들이 있습니다. 반대로 평소엔 입고 듣고 보고 마시지 않지만 크리스마스니까 시도해 보고 싶은 것들도 있지요.

얼마 전 동짓날에는 눈을 뜨자마자 팥죽을 먹으러 갔습니다. 동지라고 꼬박꼬박 팥죽을 먹는 사람은 저밖에 없을 줄 알았더니 식당은 이미 사람들로 문전성시를 이루고 있었습니다. 웨이팅에 상심해 하면서도 그 북적거리는 광경이 내심 흐뭇하게 느껴졌던 것은 왜일까요. 오늘이 동지라고, 사람들이 팥죽을 먹으러 나왔구나 하고요.

말하자면 '기분을 내는' 사람들이 보였던 것입니다. 기분을 낸다는 것은 어떤 것에 마음이 들뜨고 움튼다는 것입니다. 별것 아닐 수 있지만 특별히 여기고 싶다. 이왕이면 기념하고 싶다. 그런 마음으로 시간과 노력을 들이고, 용기를 내는 사람들의 모습은 귀엽고 기특합니다. 하지만 어느샌가부터 자주 보지 못하게 된 풍경이기도 합니다.

십 년 전까지만 해도 흥이 있는 사회였습니다. 거리에는 12월 초부터 캐롤이 흘러나오고 곳곳에 트리가 세워지고 알록달록한 디저트들이 가득했습니다. TV에는 각종 연말 특집이나 크리스마스 영화들로 떠들썩하고, 소중한 사람들에게 안부를 전하고자 크리스마스 엽서나 씰을 사 모으는 사람도 많았습니다. 하지만 요즘은 그런 분위기가 점점 사라져 거리의 풍경은 한층 담백하고 침착해졌습니다. 여유가 부족해진 현실 속에서 우리는 점점 '기분을 낸다'는 흥도 함께 잊어버리게 된 것 같습니다.

물론 그런 것에 일일이 들뜨는 건 바보 같다고 말하는 사람도 있을 테지요. 하지만 문화나 풍습이란 것은 그런 것으로부터 만들어진다고 생각합니다. 어떤 것에 마음이 동하고 흥을 느끼며 기분을 내어온 추억으로서 말입니다. 꼭 사회적 차원에서의 거대한 풍경이 아니라, 나 자신의 생활 속 풍경도 그렇습니다. 기분을 내면서 평소와는 다른 것을 고르고, 다른 것을 먹고, 다른 것을 입습니다. 시간을 들여 어딜 가기도 하고, 뭔가를 기다리기도 하고, 돈을 쓰기도 합니다. 그렇게 어떤 날들을 흥겹게 맞이하는 나날들이 쌓여 나라는 한 사람의 생활 풍습을 만듭니다.

풍습은 사람에게서 사람에게로 이어집니다. 엄마의 풍습이 나의 풍습으로. 나의 풍습이 친구나 애인, 아이의 풍습으로. 어릴 적의 저는 생일이 되면 엄마아빠와 함께 파스타를 먹고 집에 돌아와 고구마케이크에 촛불을 붙였는데요. 그 애틋한 기억이 남아 어른이 된 지금도 여전히 생일날이 되면 고구마케이크에 촛불을 붙입니다. 저의 이런 풍습은 또 훗날 언젠가 만날 소중한 누군가의 풍습으로 이어질

지도 모릅니다.

이런 저만의 의식은 누구도 일일이 감동하지 않고, 유행이 되지도 않고, 거리의 풍경을 바꾸지도 않습니다. 그렇지만 어떤 하루를 특별하게 보내고 싶다는 마음에서 평소와는 다른 곳에 가고 조금 더 맛있는 것을 챙겨 먹는 개개인의 흥겨움이 모여 결국 사회라는 것을 활기차게 만듭니다. '크리스마스니까' 편지를 쓰고, 빨간 리본이 묶인 선물을 건네고, 트리를 장식하고, 캐롤을 듣고, 양말 속에 아이의 선물을 준비하는 한 사람 한 가정이 있어 거리가 반짝이기 시작하고 그렇게 아름다운 풍경을 계속해서 어린아이들에게 소중한 추억으로 남겨 줄 수 있는 것이겠지요.

여전히 '기분을 내는' 사람들이 있습니다. 그 모습은 각자마다 조금씩 다릅니다. 이브 날 만났던 Y님은 크리스마스에 입으려고 산 초록색과 흰색 술부늬 니트를 입고 왔다며 몹시 뿌듯해했습니다. 이런 귀엽고 다채로운 개인의 풍습이 이어졌으면 좋겠다고 바라고 있습니다.

기본이란 지켜야 할 엄격한 규칙이나 매일 반복하는 습관

같은 것이 아닌, 궁극적으로는 나라는 사람의 풍습을 만들어 가는 것입니다. 어느샌가 자연스레 나의 풍습이 된 것들에는 분명 기분 좋은 삶의 힌트가 숨어 있습니다. 여러분은 명절이나 절기, 공휴일에 어떤 것을 즐기며 보내고 있나요? 무엇이 되었든 나만의 풍습을 만들어 간다는 그 마음을 소중히 여겼으면 좋겠습니다.

다시 한 번, 메리 크리스마스!

추신. 퇴고를 하는 새해입니다. 1월 1일에는 떡국을 먹었는데요. 서울에 올라와 홀로 자취를 하게 된 이후로는 배달해서라도 꼬박꼬박 챙겨 먹습니다. "어제 떡국은 먹었어요?" 하고 주고받는 안부란 꽤 정답지 않나요?

50 안부를 전한다는 것

편지지에
풍경을
담습니다.

한 해 동안 고마웠던 사람들에게 편지를 써 볼까 싶어지는 12월의 마지막 주입니다. 한 달 전, 교토의 350년 된 유서 깊은 문구점 '큐쿄도(鳩居堂)'에 갔을 때입니다. 문을 열고 들어서니 편지지와 엽서들이 가득히 꽂혀 있었습니다. 연말연시가 되면 서로에게 연하장을 보내는 일본에서는 한 해가 저무는 시기에 문구점마다 진열된 편지지를 구경하는 즐거움이 있습니다.

무척 흐뭇한 기분이 드는 것은 엽서마다 계절의 풍경이 하나하나 그려져 있다는 것입니다. 봄에는 벚꽃, 여름에는 해바라기, 가을엔 단풍잎. 그야말로 엽서(葉書)라는 이름처럼 풀과 꽃이 그려진 종이들입니다. 계절의 풍경들은 글이 쓰일 자리를 양보하듯이 종이의 귀퉁이에 소박하게 그려져 있었습니다. 정갈한 선 대신 계절의 꽃과 풀, 과일과 사물들이 담긴 풍경은 어릴 적 그림일기 같아 무척 귀여웠습니다.

안부를 전한다는 것은 뭘까요? 거리에 피는 꽃, 먹는 과일, 일상의 물건이 달라지는 것을 보며 우리는 시간의 흐름을 감각합니다. 시간이 흘렀다는 것이야말로 바로 안부를 전해야 할 때라는 것을 말해주는 것입니다. 그렇기에 계절의 한 조각을 편지 위에 옮겨와 함께 동봉하는 마음은 안부를 전하는 단순하고도 애틋한 방법 중의 하나입니다.

매장 한쪽에 놓인 <큐쿄도의 엽서 화첩(鳩居堂のはがき花歷)>이라는 책에서는 계절과 월별로 엽서에 담기면 좋을 꽃과 풀 등을 소개해 주고 있었습니다. 예를 들면 봄에는 벚꽃과 딸기, 여름엔 수박과 불꽃놀이, 가을에는 보름달과 유자, 그리고 겨울에는 수선화나 동백 같은 것입니다. 계절의 엽서를 전하는 마음과 요령도 함께 실려 있었는데 바로 이런 이야기입니다.

"지금 전하고 싶은 마음을 간단하게 쓴다." 그런 감각이 필요하다고요. 엽서에는 쓸 수 있는 글자 수에 한계가 있기 때문에 긴 문장을 쓰지 않아도 좋습니다. 중요한 것은 타이밍을 놓치지 않는 것입니다. 가끔은 편지 쓰는 것을 미루다가 시간이 흘러 결국 마음을 전하지 못하게 될 때가 있으니까요. "편지가 도착하는 것만으로 전해지는 것도 있다"라고 책에서는 말합니다. 수박을 좋아하는 친구에겐 수박이 그려진 여름 엽서를 보내며 '이 편지 먹고 싶다'라고 쓴다거나, 겨울에 해바라기가 그려진 엽서를 보내 '여름의 더위가 그립다'라는 마음을 전합니다. 오랜 여행을 다녀온 친구가 슬슬 돌아올 때가 되면, '어서 와' 하고 쓴 편지를 보내며 여행에서 돌아온 친구를 맞이합니다. 이렇듯 계절의 풍경을 담은 엽서로 주고받을 수 있는 예시들을 재미있게 소개해 주고 있었습니다. 그런 아이디어를 참고해 겨울이 생일인 친구에게는 겨울의 꽃이 그려진 엽서를, 뉴질랜드에 살고 있는 친구에겐 지금 이곳의 계절이 담긴 엽서를 보내봐도 좋겠다고 생각했습니다.

실은 저도 졸업 전시를 하며 계절을 담은 편지지를 만든 적이 있습니다. 병풍처럼 접힌 편지지를 펴면 마치 장지문 너머의 풍경을 바라보며 글을 쓰는 듯한 기분이 들도록, 절기의 풍경을 묘사한 수채화 그림과 한지를 덧댄 편지지입니다. 경칩에는 막 새싹이 돋아나려는 땅의 모습, 소서에는 소나기가 내리는 풍경, 한로에는 울긋불긋 단풍이 든 언덕이 그려져 있습니다. 편지를 쓴 사람과 받는 사람이 편지지를 펼친 순간 시공간을 뛰어넘어 같은 풍경을 마주하길 바랐기 때문입니다. 그것이 서로 떨어진 두 사람을 같은 자리에 데려오는, 편지의 소중한 역할이라는 생각이 들었습니다. 편지라는 것은 받는 사람의 서랍 속에 고이 보관되어 있다가 언제라도 다시 펼쳐보는 순간, 그 풍경이 변함없이 숨쉬고 있어야 하니까요.

편지란 풍경을 나누는 것입니다. 편지를 쓰기 전, 종이를 바라보지 말고 먼저 풍경을 바라봅시다. 그리고 종이 위에 지금 내가 지나가고 있는 계절의 한 조각을 고이 동봉해 봅시다. 이미 그림이 그려진 엽서를 사는 대신 직접 손그림을 그려보는 것도 좋습니다. 꼭 정해진 식물이나 사물이 아니더라도 내가 지금 보고 느끼는 것이라면 무엇이든 좋지 않을까요? 거창한 솜씨는 필요없습니다. 꽃잎 한 장뿐이라 하더라도 충분합니다. 그저 발신인이 나라는 작고 귀여운 증표 하나를 더하는 것입니다.

곧 새해입니다. 올해는 안부를 전하고 싶은 사람들에게 소소한 엽서를 보내볼까 합니다. 저의 안부가 직접 닿지 못하는 곳에 계시는 분도 모두 새해 복 많이 받으세요.

추신. 한 해를 마무리하며 쓰는 마지막 글이 마치 한 통의 편지처럼 닿을 수 있기를 바랍니다. 수줍은 마음을 담아

연필로 그린 복수초 한 송이를 동봉합니다. 두껍게 쌓인 눈을 뚫고 피는 꽃처럼 힘차고 복 많은 해 되세요.

오늘의 기본 2
Lifemind classic book

초판 1쇄 발행   2025년 2월 14일

지은이   소 원
디자인   소 원
펴낸곳   Neap

Instagram   @neap.lifemind
E-mail   neap.lifemind@naver.com

ISBN   979-11-986388-1-6(02810)

ⓒ 소 원, Neap, 2025
printed in seoul, Korea

본 도서의 본문은 '을유1945' 서체로 쓰였습니다.